Isoline

Judith Gautier

ISOLINE

PAR

JUDITH GAUTIER

AVEC DOUZE EAUX-FORTES

PAR AUGUSTE CONSTANTIN

PARIS, CHARAVAY FRÈRES ÉDITEURS

4, Rue de Furstenberg

1882

A MADAME

LA COMTESSE ALPHONSINE BOWES

HOMMAGE AFFECTUEUX

J. G.

ISOLINE

I

Un soir gris descend sur la mer; les nuages
lourds, que pousse une brise très âpre, s'écroulent
vers l'horizon, faisant craindre une nouvelle averse;
la pluie qui vient de tomber rend glissante la cale
de Saint-Servan, dont la pente s'enfonce sous l'eau
houleuse; elle assombrit les pierres grises de la
haute tour Solidor, qui semble avoir pris racine
dans les rochers qui lui servent d'assises et ont
fourni les matériaux de ses murailles.

De chaque côté de la cale, des bateaux de pêche,
la voile à demi ployée, dansent avec une sorte d'af-
folement. Des matelots, des femmes chargées de
paniers descendent la pente mouillée et interpellent
d'une voix dolente les barques qui accostent le quai;

un teinturier, les bras bleus jusqu'au-dessus du coude, trempe diverses loques dans l'eau qui roule sur la chaussée de pierres, et, pour un instant, teinte les premières lames de nuances invraisemblables.

Là, tout près, ballottée d'une façon inquiétante, une vieille embarcation aux planches vermoulues, dont toute trace de peinture a disparu, emplie déjà de passagers, semble attendre le moment du départ. Ceux qui s'entassent dans cette barque sont des ouvriers en habit de travail, souillés de plâtre et de boue, des paysannes proprettes, le petit fichu de couleur croisé sur la poitrine, la jolie coiffe bretonne, dont chaque bourg change la forme, palpitant sur leurs cheveux. A l'arrière deux sœurs trinitaires, le visage encadré d'un bonnet plissé sous le voile noir, font bruire les croix et les chapelets perdus dans les plis de leur robe de bure.

La barque est plus que pleine et pourtant de nouveaux arrivants la hèlent et sautent sur l'avant encombré, sans que les passagers paraissent surpris de cette surcharge.

Ils échangent seulement quelques phrases insignifiantes :

— « Tu ne t'en viens donc pas aujourd'hui ?

— Si bien ! il est encore temps.

— La marée n'attend pas.

— Tout de même ! le vent est bon, on mar-chera. »

Et on se serre encore, les uns s'asseyent sur le rebord du bateau, d'autres se tiennent debout.

— « En route ! » crie enfin le patron, que rien dans son costume ne distingue de ses compagnons.

La voile est hissée par dessus les têtes qui se baissent, une grossière voile carrée qui se déploie lentement.

Mais au moment où une pesée sur la gaffe va éloigner du quai la lourde barque, des pas pressés résonnent sur les pavés et deux personnes dévalent de la ville : l'une est un prêtre qui fait des signaux véhéments à l'embarcation prête à s'éloigner; l'autre, un jeune officier de marine suivi d'un ma-telot portant une malle sur l'épaule et à la main une valise.

Ceux-ci se dirigent vers un joli sloop qui appa-reille au bord du quai, tandis que la barque se rapproche, répondant aux appels du prêtre :

— « Il n'était que temps, monsieur l'abbé.

— Vous ne serez guère bien!

— Allons, serrez-vous!

— Comment voulez-vous que j'embarque? s'écrie le prêtre d'une voix brusque. Vous êtes déjà chargés à sombrer!

— Oh! il n'y a pas de soin, dit le patron.

— Si je mets le pied là-dessus, vous coulez bas sans aucun doute : je suis trop bon chrétien pour vouloir causer la mort de n'importe qui. Comme c'est amusant! continua-t-il avec mauvaise humeur. »

Et il jeta un regard vers le sloop dans lequel l'officier de marine venait de sauter.

— « Allez-vous à Dinan, capitaine? lui crie-t-il alors en s'avançant au bord du quai, tandis que le vent tracasse les plis noirs de son manteau.

— Oui, monsieur, je vais à Dinan, répond l'officier en saluant légèrement.

— Alors donnez-moi une petite place dans votre grand bateau où vous êtes tout seul?

— Soit, monsieur, avec plaisir, » dit le jeune marin en dissimulant à peine son peu d'empressement.

Tout en manœuvrant, le plus âgé des matelots

hoche la tête et grommelle tout bas contre le sans-
gêne de l'homme d'Église.

— « Ils sont fous! » dit le prêtre déjà installé
dans le sloop, en indiquant la barque surchargée
qui prend le large.

Mais le sloop l'a bientôt rejointe et dépassée.
Toutes ses voiles gonflées, elle s'incline, prend le
vent et file comme une flèche. Ce n'est pas sans
embarquer quelques paquets de mer, ni sans rou-
ler violemment.

L'abbé se retient de la main à la banquette.

— « Ne prendrons-nous pas quelque ris? dit-il.

— Avez-vous peur? » ricane le matelot.

Et avec un peu de malice, lorsqu'on quitte l'abri
des roches et que la brise redouble de force, au lieu
de filer l'écoute et de venir au vent, il garde la voile
bordée et laisse le bateau s'incliner jusqu'à fleur
d'eau.

— « Je ne suis pas marin! s'écrie le prêtre en
se rejetant vivement vers l'autre bord sans que ce
déplacement de poids produise aucun effet.

— Nous arriverons plus vite ainsi, » dit l'officier, qui laisse errer ses regards sur la baie.

L'admirable panorama se déroule en effet un

peu noyé dans les nuées grises : à droite Saint-Malo, enfermée dans ses murailles que domine la pointe aiguë de son clocher, semble une de ces villes que l'on voit dans les enluminures des missels, portée sur la main par un roi. Vers la haute mer, les rochers, les îles, que borde la blancheur de l'écume mouvante, font des taches brunes. A gauche Dinard, coquette avec ses villas cachées dans la verdure, s'accroche audacieusement aux flancs rocheux des collines.

Mais le bateau, qui bondit, se cabre et retombe dans un éclaboussement d'eau envolée, vire de bord et prend sa route définitive vers la Rance dont la marée montante fait rebrousser le cours.

Le tableau change alors, on croit voir maintenant un lac entouré de coteaux verdoyants. L'horizon est fermé, mais à mesure que l'on avance, les collines semblent s'écarter comme des portants de théâtre et ouvrent le passage sur d'autres lacs qui momentanément paraissent aussi sans issue.

Les flots s'apaisent, l'on entre en rivière, et les personnages qu'emporte le fin bateau qui file maintenant sans secousses commencent à s'examiner les uns et les autres.

Le prêtre regarde obliquement l'officier et baisse
les yeux lorsque celui-ci lève les siens.

Sans le connaître personnellement, l'abbé sait
bien quel est son hôte : le sloop et les matelots qui
le conduisent lui ont fait deviner au premier coup
d'œil que ce jeune homme ne peut être que Gilbert
Hamon, lieutenant à bord d'une frégate de l'État,
qu'un congé de convalescence renvoie pour trois
mois dans sa famille. Une mauvaise fièvre, attrapée
aux Antilles, a fait croire qu'on ne le reverrait plus;
l'abbé Jouan a entendu parler de cela par madame
Aubrée, la propre sœur de Gilbert Hamon; elle lui
a même fait dire une messe pour le rétablissement
de son frère; mais c'est la première fois que le
jeune marin revient à Dinan depuis que l'abbé
Jouan est premier vicaire à l'église Saint-Sauveur, c'est-à-dire depuis trois ans : il le connaît
donc sans l'avoir vu encore; Mᵐᵉ Aubrée étant
sa pénitente, il sait même pas mal de choses sur
la famille, la fortune et même le caractère de
l'officier, il a parfaitement connaissance par exem-
ple de son indifférence en matière religieuse : c'est
pourquoi il ne fait semblant de rien, n'a pas l'air
de savoir qui il est. Le seul fait de garder à son

service ce matelot Eugène Damont, le plus mauvais chrétien de la côte, suffirait d'ailleurs à rendre suspect le maître du bateau. L'abbé Jouan se demande même s'il n'a pas agi un peu légèrement en sollicitant l'hospitalité à ce bord ennemi.

Le physique de Gilbert Hamon, qu'il étudie en dessous, ne lui revient guère. Le jeune homme est très pâle encore de sa maladie récente, comme alangui et vaguement triste; sa bouche, bien dessinée, est d'un rouge très vif qu'exalte encore la brûlure de la fièvre. Des favoris courts, des sourcils bruns très nettement tracés sous un front pur, les tons ivoirins des tempes, la correction élégante de l'uniforme, donnent à l'ensemble de cette physionomie quelque chose de britannique.

— « Une vraie figure de papier mâché! » conclut l'abbé à part lui.

Ce qui lui déplaît le plus, c'est ce regard altier qui jaillit soudain et communique par moments une singulière puissance à un visage presque féminin; sa flamme directe ne parvient pas à rencontrer pourtant les coups d'œil louvoyants du prêtre; mais le jeune officier paraît peu curieux du visage de son hôte que charbonne une barbe de trois jours, de ces

yeux gris, inquiets et comme honteux, de cette physionomie qui se fronce et grimace à chaque moment; cet ensemble ne lui semble pas très digne
d'intérêt et il persiste à regarder rêveusement le
paysage.

Le faible écho, aussitôt éteint, qu'éveillent les
phrases jetées par l'abbé, le fait se réfugier dans une
lecture attentive de son bréviaire.

Déjà on a franchi la grande baie qui s'arrondit
devant Saint-Suliac, curieux village couleur de
cendre qui groupe tout au bord de l'eau ses chau-
mières moussues autour de la tour gothique de sa
vieille église. Le port Saint-Jean, le port Saint-
Hubert, filent à droite et à gauche; un creux de
vallée découvre un instant le gros bourg de Plouer
et de blancs hameaux apparaissent dans la verdure,
les uns près, les autres plus loin, sur la hauteur.

Après l'écluse du Châtelier, le vent, tout à l'heure
si vif, mollit brusquement. La menace de pluie
s'est dissipée, le ciel est maintenant d'un gris doux
et l'eau calme, argentée, reflète comme un miroir.

Damont, en mâchonnant des jurons, largue toute
la toile; l'autre matelot, Pirouette, empoigne la
godille pour aider aux voiles.

— « Voilà du calme, » dit l'abbé.

Le paysage change à chaque moment. La rivière s'est beaucoup resserrée, elle décrit de grandes ondes à travers des bois de hauts sapins dont les perspectives noires s'enfoncent.

Gilbert poursuit sa rêverie qui s'attriste de plus en plus. Tout en regardant le long reflet des arbres dans l'eau, il interroge son cœur qui lui répond : Néant. Et cette sensation de vide lui cause une douleur presque physique. Il cherche en lui la vibration d'un sentiment quelconque à l'approche de son foyer et n'éprouve absolument rien. C'est que les affections puissantes ne sont plus ; sa mère, pour qui chacun de ses départs était une agonie, a fini de souffrir ; l'océan a dévoré son père. Il n'a plus d'autre famille que celle de cette sœur qui le voit s'éloigner sans grande tristesse et revenir sans grande joie. Il n'y a donc pas pour lui, au bout de ces mers sans cesse traversées, un port qu'il désire revoir : le sol natal où il vit si peu lui est indifférent et les terres lointaines dont il ne connaît que les rives ne l'ont séduit que fugitivement. Que lui est-il resté même de ces amours rapides, nouées et dénouées, condamnées en naissant ? Rien qu'un souvenir léger

comme celui d'un parfum plus ou moins doux. Il
n'a pas pénétré davantage dans l'intimité de l'âme
de ses amantes exotiques qu'il ne s'est enfoncé dans
les profondeurs des forêts vierges dont la lisière
fleurie lui souriait : à peine quelques pas à travers
les lianes emmêlées, à peine quelques fissures au
voile tissé par le langage incompris et la frégate,
planant vers la haute mer, rouvrait déjà ses larges
ailes et reprenait sa proie.

La mer et sa lourde solitude, voilà tout ce qu'il
retrouvait dans son cœur, la terre lui était comme
étrangère; jamais il n'avait la sensation d'être ni
loin ni près, rien ne l'aimait et il n'aimait rien;
aussi la mort qui venait de le frôler ne lui avait-
elle pas arraché un soupir de regret.

— « Tous les marins sont ainsi, » se disait-il. Mais
sa résignation n'était qu'extérieure et bien souvent,
sur la mer calme, sans que son froid visage en lais-
sât rien voir, des tempêtes se déchaînaient en lui.

En ce moment, où il cherchait à éprouver un peu
de cette impatience joyeuse du retour, il discernait
mieux que jamais le dénuement de son âme.

— « Le spleen! »

Ce mot lui venait aux lèvres, et il se sentait

2

enveloppé, comme le ciel, dans des nuées grises.

Dinan apparaissait maintenant; ses grosses tours encore majestueuses, ses remparts puissants, les clochers de ses vieilles églises se découpaient au sommet de la haute colline.

L'abbé ferma son livre et se leva pour dégourdir ses jambes.

— « Nous touchons au port, » dit-il.

Alors l'officier, un peu honteux de son long silence, s'efforça de dire quelque chose. Il se leva aussi pour mieux voir Dinan.

— « Comme cette ville est sombre, dit-il! Ces vieux murs, cette verdure foncée, ces maisons noires, cette rivière couleur d'encre! tout est deuil.

— C'est la faute du temps et de l'heure, dit l'abbé, revoyez-la par un ciel bleu.

— Ce n'est pas une ville comme Paris, observa Pirouette.

— Dame! non, dit Damont, en sautant d'un banc à l'autre pour carguer la voile.

— Ah! voici Mme Aubrée et ses enfants, dit l'abbé.

— Ma sœur! »

On eut vite accosté le quai et Gilbert se trouva

dans les bras d'une jeune femme, vêtue d'une robe grise, d'un paletot noir et d'un chapeau un peu défraîchi.

— « Te voilà donc! Mon Dieu, comme tu es blanc! On voit bien que tu as pâti.

— La fièvre jaune, » dit l'officier.

Deux petites filles, l'une de six, l'autre de quatre ans, regardaient bouche béante.

— « Vous ne dites rien à votre oncle?

— Je leur fais peur. »

Le prêtre s'éloignait en faisant de grands saluts.

— « Ah! bonsoir, monsieur l'abbé, lui cria M⁻ᵉ Aubrée avec un sourire aimable. Allons viens-t'en, dit-elle à son frère. Damont portera tes malles. »

Ils s'engagèrent dans la vieille rue du Jerzuale, malpropre et pittoresque, rapide comme le lit d'un torrent, pour gagner la rue de l'Horloge où demeurait la famille Aubrée.

II

Tout au bord de la Rance, en avant de la ville, sous deux gros arbres un peu ébranchés par le vent, s'abrite une cabane des plus modestes. Le toit de chaume qui se projette d'un côté, un peu en dehors de la muraille, forme une sorte d'auvent soutenu par deux perches. C'est sous cet abri que s'ouvre la porte de la cahute qui ne contient que deux pièces, l'une très petite, l'autre plus grande : pour plancher la terre battue, pour meubles une armoire de noyer qu'égayent quelques plaques de cuivre ; un lit breton, c'est-à-dire une seconde armoire percée d'un trou ovale soigneusement fermé par de petits rideaux à ramages, devant le lit un banc de chêne que le temps et le frottement ont rendu luisant et brun comme une châtaigne. — Par ce banc, en faisant encore une énorme enjambée, on parvient à se glisser dans l'intérieur du lit.—Une table, quelques chaises de paille à haut dossier, un escabeau sous le manteau de la grande cheminée campagnarde, des ustensiles en grès ou en faïence accrochés aux murs, et c'est tout.

La coiffe blanche de Marie Damont, qui tricote en surveillant la marmite, est le seul point clair dans ce sombre intérieur qui ne prend son jour que par la porte, vitrée d'en haut.

Marie est la sœur du matelot Damont, qui, après

La Cabane de Dampierre

trente ans de navigation, vit maintenant près d'elle, de sa maigre pension de retraite et des petits bénéfices que lui procurent le bateau dont il a la garde.

La vie de cette fille de soixante ans peut se résumer en trois mots : dévouement, misère, résignation. Elle n'a rien vu, rien eu, rien espéré. Ses yeux bleus ont sous leurs arcades profondes une limpidité extraordinaire, un calme séraphique. Elle ne s'est pas mariée parce qu'il fallait soigner ses petits frères, puis son père veuf et malade; et lorsqu'il mourut à quatre-vingts ans, elle avait passé l'âge des amours. Elle se sait atteinte de l'affection au cœur qui emporta sa mère et s'attend, sans terreur aucune, à mourir subitement une nuit.

Quelques jours après son arrivée, Gilbert Hamon, à travers les mauvais chemins et les terres détrempées, gagna les bords de la Rance et poussa la porte vermoulue de la cabane.

— « Ah! monsieur Gilbert, s'écria Marie en se levant vivement, comme c'est aimable de vous souvenir de moi et de venir par une pluie pareille!

— Comment allez-vous, ma bonne Marie?

— Ma vieille carcasse dure encore malgré le mal, mais c'est peu intéressant, parlons de vous plutôt, vous avez eu bien de la misère, à ce que m'a dit Eugène, vous qui devriez être si heureux.

— Pourquoi donc, Marie?

— Dame! vous êtes jeune, bien fait, aisé et lieutenant à votre âge.

— Tout cela ne fait pas que je sois heureux.

— Est-ce possible? Mais alors nous sommes donc tous sur terre pour souffrir? On a dû pourtant être bien heureux, chez vous, de vous voir revenir guéri.

— Oui, je le crois; mais que voulez-vous, j'étouffe dans ce milieu étroit.

— Il faut de l'air aux marins, dit Marie, qui, par discrétion peut-être, ne comprit pas le vrai sens de la phrase. Voyons, je vais mettre une brassée de bois au feu pour vous sécher, reprit-elle, vous êtes trempé, seulement il faut laisser la porte ouverte à cause de la fumée qui nous étoufferait. »

Gilbert s'assit sur l'escabeau et s'intéressa à l'embrasement des broussailles qui pétillaient et flambaient clairement.

— « Tenez, vous fumez comme les prairies au soleil levant. »

Et ils restèrent en face l'un de l'autre de chaque

côté de la cheminée, Gilbert plongé dans une sorte
de torpeur, Marie respectant cette rêverie et trico-
tant avec activité.

Le silence fut rompu par un aboi joyeux qui
retentit au dehors et presque aussitôt un grand
chien bondit dans la cabane. Il fut suivi bientôt
par une jeune fille, qui entra impétueusement et
posa un pot à lait sur la table.

— « Voilà la laitière ! cria-t-elle, elle veut être
payée comptant. »

Et elle se jeta au cou de la paysanne avec tant
de vivacité, qu'elle faillit la renverser.

— « Mais tu m'étrangles ! ma chérie, » dit Marie,
de sa voix douce.

Gilbert s'était levé et regardait de tous ses yeux
cette jeune personne entrée comme un coup de
vent. Il la trouvait si charmante, qu'il se croyait
abusé par le demi-jour de la cabane. Elle était
vêtue en paysanne, mais avec beaucoup de recher-
che ; sa coiffe était brodée et garnie de dentelles, et
elle avait aux mains des gants de Suède sans bou-
tons.

Le chien, un grand terre-neuve noir, gronda contre Gilbert.

— « Qui donc est là dans ta cheminée ? » dit la jeune fille en se retournant avec un cri.

Et elle darda sur lui un regard plein d'une sorte d'insolence méprisante.

Elle avait ces yeux étranges, bleu clair, bordés de longs cils noirs, assez fréquents chez les Bretons et qui sont d'un effet magique, lorsqu'ils s'ouvrent dans un beau visage.

— « As-tu peur d'un marin? dit Marie. C'est le lieutenant Hamon, avec qui mon frère a navigué longtemps.

— Ah! je sais; tu m'as souvent parlé de lui. »

Elle fit un pas vers le jeune homme et lui tendit la main.

— « Bonjour, Monsieur, » lui dit-elle d'un air très grave.

Gilbert serra avec un trouble bizarre cette main gantée, qui lui répondit par une pression franche et forte.

Puis ils ne se dirent plus rien. Elle avait baissé les yeux; mais, contrariée par ce silence gênant, elle fronça les sourcils, jeta un adieu brusque et s'enfuit.

— « Marie, Marie, je crois rêver : quelle est cette

enfant extraordinaire? dit l'officier en s'approchant de la porte, pour tâcher de voir encore la fugitive.

— Ah! certes, il n'y en a pas deux comme celle-là, dit la paysanne avec un hochement de tête; elle est méchante et bonne, sage et folle, c'est une belle plante sauvage remplie d'épines.

— Qui est-ce? Ce n'est pas une paysanne, demanda Gilbert, qui vint se rasseoir les yeux brillant de curiosité.

— C'est Mlle de Kerdréol : vous ne la connaissez pas?

— Il me semble que ce nom m'est familier.

— Le château de la Conninais, — vous savez, à à deux pas d'ici, — est à sa famille.

— Oui, je me souviens; n'avez-vous pas élevé cette jeune fille?

— Justement, mon bon Monsieur, avec l'aide d'une belle chèvre blanche; elle m'a coûté bien des peines! c'était un démon qu'on adorait. Voyez, elle m'apporte du lait tous les jours; à ce qu'elle dit, c'est bon pour mon mal; je le bois pour lui faire plaisir; ce serait du fiel, je le boirais encore; je n'ai jamais fait que ses volontés.

— Quel âge a-t-elle?

— Vous disiez : c'est une enfant. Mais elle a vingt ans sonnés.

— Comment n'est-elle pas mariée encore?

— Oh! elle est bien trop dédaigneuse, tous les gens d'ici lui font hausser les épaules; ils sont pour elle moins que des chiens. Et puis, sa vie n'est pas celle de tout le monde.

— Je vous en prie, dites-moi ce que vous savez, dit Gilbert, avec un empressement si marqué que Marie leva sur lui un regard inquiet.

— Seigneur! n'allez pas l'aimer au moins, ce serait vous jeter dans un enfer.

— Ce serait étrange, dit Gilbert en essayant de rire, de prendre feu ainsi comme une poudrière. Il est certain pourtant que je ne m'ennuie plus.

— Vous l'avez vue à peine, ne la revoyez plus, dit Marie.

— Bah! les marins ne reculent jamais, dit gaiement le jeune homme, je l'ai vue assez pour ne jamais l'oublier. Elle a des yeux qui éblouissent. Voyons, je vous en prie, continuez votre conte de fée.

— Il y avait de bien mauvaises fées à son berceau alors... » dit Marie Damont en soupirant.

Elle s'assit en face de Gilbert, reprit son tricot et demeura un instant silencieuse.

— « Voyez-vous, je n'aime pas à parler de cela, ce ne sont pas mes affaires. J'ai toujours eu là-dessus la bouche cousue. Tout ce que je puis vous dire, c'est qu'Isoline n'est pas heureuse. Depuis qu'elle est sortie de mes bras, elle vit seule dans ce grand château désert.

— Ses parents ?

— Elle n'a que son père ; il vient seulement huit jours tous les ans et n'adresse pas la parole à sa fille.

— Serait-il fou ? »

Marie secoua la tête.

— « Non, mais c'est quelque chose comme cela. Pauvre enfant ! vous l'avez vue presque gaie tout à l'heure, c'est rare, elle a des accès de désespoir affreux, des colères où elle est comme une Furie. Elle veut savoir les raisons qui la condamnent à vivre ainsi en dehors de l'humanité ; — elle ne considère pas ceux d'ici comme en faisant partie. — Jamais elle n'a parlé à quelqu'un de son rang ; hors nous et ses fermiers, nul ne connaît le son de sa voix ; aussi j'ai été saisie lorsqu'elle vous a tendu la main. Voyez-vous, elle a pris dans des livres des idées extraordinaires, qu'on ne peut plus lui ôter de la tête. Ah! oui, c'est un conte de fée, un triste conte; mais ne parlons pas trop, de peur d'aggraver les peines. »

La paysanne se leva et alla vers la porte pour dévorer les larmes qui lui rougissaient les yeux. Elle parla de son frère qui ne rentrait pas, de la pluie qui continuait à tomber et échappa à Gilbert qui voulait l'interroger encore.

— « Allons! je m'en vais, dit-il bientôt; au revoir, ma bonne Marie. Dites à Damont que je reviendrai. »

Il sortit sous la pluie qui tombait doucement et, au lieu de longer la rivière, il s'enfonça sous une allée d'arbres qui montait le coteau presque en face de la cabane.

Il gravit la pente au sol détrempé sans s'apercevoir qu'il marchait.

Son esprit tout à l'heure si vide, mais exalté par un reste de fièvre, avait maintenant un aliment qu'il dévorait comme aurait fait d'une proie un fauve longtemps affamé. Marie avait manqué son but en lui signalant un danger dans la possibilité de s'épren-

dre de cette jeune fille; elle avait précipité l'éclo-
sion d'une pensée d'amour qui aurait mis plus de
temps à naître. Gilbert se demandait pourquoi il
était si terrible d'affronter le charme de ces yeux
splendides. Qu'en savait-elle d'abord, cette pauvre
paysanne ignorante de la vie? Isoline avait-elle été
aimée déjà? Était-ce quelque drame romanesque
qui lui faisait la vie si sombre? Il était curieux de
revoir ce château de la Conninais qu'il n'avait
jamais regardé que d'un œil indifférent. Si ses
souvenirs ne le trompaient pas, la route qu'il avait
prise y conduisait.

Il se hâtait sous l'ombrage épaissi sur lequel
l'eau tombait avec un bruit régulier. De grands
rochers se haussaient d'un côté, veloutés de mousse
et d'herbes; à droite, au delà des arbres, le terrain
se creusait en un étroit vallon dont l'autre versant
était couvert de sapins.

Une buée montait, cachant le sol. Tout ruisselait; sous les branches s'alignaient des rangs de
gouttelettes qui brusquement s'unissaient et tombaient, des rigoles couraient entre les pierres qui
devenaient rares, le terrain, de plus en plus mou,
perdait toute consistance; c'était un marécage :

le vrai chemin breton dans son horreur hivernale.

Bientôt ce chemin descendit, s'encaissa entre deux talus, devint un ruisseau navigable. Gilbert escalada, s'accrochant aux branches trempées ; la terre, cédant sous son pied, s'éboulait en faisant rejaillir l'eau. Des paquets de ronces amassés dans les endroits accessibles, par l'humeur peu hospitalière des paysans, lui déchirèrent les mains, s'accrochèrent à ses habits ; il s'entêta, marcha dans l'herbe où chacun de ses pas laissait un trou qui s'emplissait d'eau ; il faisait de grandes enjambées, sautait, visant une pierre ou un bout de terre qu'il croyait solide et qui le trahissait.

Enfin, suant et hors d'haleine, il reprit pied sur la grande route de Dinan.

Le val de la Conninais descend à pic de l'autre bord de cette route qui forme à cet endroit une rampe assez raide. Juste en face de l'allée dont le jeune homme débouchait, de l'autre côté de la vallée, en haut de la pente cachée par les grands arbres qui l'escaladent, le château se montre à demi dans les feuillages sombres. Des sapins, des chênes verts et autres essences, que l'hiver ne dépouille pas, semblent le prendre d'assaut, l'enfouir

dans leur masse impénétrable. On ne voit qu'une vieille muraille percée d'une porte voûtée, ayant d'un côté une tour carrée coiffée d'un toit moderne en ardoises et de l'autre une petite chapelle gothique. Le bâtiment d'habitation, en retour de la chapelle, ne présente à la vallée que sa face la plus étroite.

L'horizon est fermé de toutes parts par la haute végétation; les prés inondés, couverts d'herbe épaisse où luisaient çà et là des flaques d'eau, font de beaux plis amples entre les bouquets de bois.

Gilbert s'avança pour tâcher de découvrir quelque chose de plus; il descendit la route, traversa un carrefour où se croisaient plusieurs chemins, sorte de pont qui comble la vallée et la traverse. Il vit alors au delà d'un étang, derrière un fouillis de branches nues, la longue façade grise, percée de fenêtres à carreaux étroits, du château proprement dit. Il s'arrêta et eut le cœur serré devant la mélancolie implacable qui émanait du paysage; l'étang débordé noyait ses rives et semblait prêt à se verser dans le vallon. Une brume épaisse fumait lente et bleuâtre, et le morne château, qu'elle enveloppait, semblait porté sur un nuage; les

lourdes nuées du ciel croulaient comme pour rejoindre cette vapeur terrestre.

Quoi! elle vivait là depuis vingt ans, seule,
muette, dans cette prison humide, assiégée par
cette houle de verdure qui faisait même le regard
captif. C'était pire encore que le navire prisonnier
des flots sur la mer sans bornes.

Les fenêtres étaient closes, rien ne bougeait, pas
un être, pas un bruit!

Gilbert regarda longtemps, puis un vertige
s'empara de lui; il crut que cette demeure mystérieuse, comme trempée de larmes, se dissolvait,
s'évaporait ainsi qu'une vision. Il ne la vit plus
que comme une conception du rêve, puis elle s'ef-
faça, disparut.

— « Suis-je fou? » se dit-il.

Brusquement il se retourna. De tous côtés une
blancheur opaque : il était prisonnier du brouillard. Tandis qu'il rêvait, la fusion s'était faite des
nuages traînants et de la brume; la campagne
n'était plus que fumée, il lui sembla que la sauvage
Isoline opposait ainsi un voile impénétrable à l'in-
discrétion de ses regards.

En aveugle, il chercha sa route, péniblement,

car il craignait de s'empêtrer dans quelque fon-
drière. Il parvint pourtant après mille zigzags au
faubourg de Dinan et rentra dans la ville par la
porte Saint-Malo.

III

Gilbert avait gagné un peu de fièvre à cette pro-
menade sous la pluie; il rentra grelottant et l'état
de ses vêtements fit pousser les hauts cris à Jeanne-
Yvonne, la jolie petite bonne en coiffe blanche qui
vint lui ouvrir.

— « Ah! Madame, s'écria-t-elle en grimpant l'escalier quatre à quatre, monsieur Gilbert est, bien
sûr, tombé dans le mortier. »

C'est ainsi que les Bretons appellent la boue li-
quide de leurs chemins.

— « Comme te voilà fait! dit Mme Aubrée en
sortant sur le palier, va vite te changer; il y a de
quoi gagner la mort. Dépêche-toi, ajouta-t-elle : le
dîner est prêt. »

La salle à manger, assez obscure, était au rez-
de-chaussée; de vieilles boiseries gris de perle,

3

égayées d'un filet rose, cachaient les murs jusqu'au
plafond élevé. Ces boiseries, témoins du siècle pré-
cédent, avaient été conservées là seulement par
économie : Mme Aubrée eût préféré un papier
brun à fleurs d'or, soutenu par une imitation de
bois de chêne; mais, par raison, on s'était con-
tenté, en s'installant, de lessiver les murs et de
faire des raccords aux points où la peinture manquait. La maîtresse de la maison s'excusait de sa
salle à manger. « C'est gothique, » disait-elle.

Mais le reste de la maison était parfaitement con-
forme au mauvais goût moderne. Le salon, au
premier étage, — le logis étroit n'avait qu'une
pièce en façade — était tendu d'un papier blanc
et or sur lequel apparaissaient quelques gravures,
un tableau religieux brodé en perle et un portrait
d'homme à l'huile. Le meuble était de reps gros
bleu, les rideaux en mousseline brodée avec des
embrasses au crochet s'attachant à des patères de
cuivre. Devant la cheminée, garnie d'une pen-
dule Empire et de deux lampes, s'étendait un tapis
de feutre aux nuances criardes; un stéréoscope
avec des vues de Suisse et un album de photogra-
phies ne quittaient jamais la table ronde, couverte

en marbre gris, que son poids prodigieux rendait immuable.

La chambre de M. et de Mme Aubrée s'ouvrait de l'autre côté du palier et donnait sur un petit jardin. Gilbert avait pris au-dessus du salon la chambre des enfants, qui étaient descendus chez leur mère.

La rue de l'Horloge, où est située cette maison, n'a de remarquable que cette tour du xve siècle, où s'arrondit un double cadran et dont la grosse cloche, qui eut pour marraine Anne de Bretagne, sonne l'heure d'un son grave et retentissant, et aussi quelques masures anciennes qui projettent leur premier étage soutenu par des piliers jusqu'au bord du trottoir. Le jeune marin, qui par une habitude de son métier, sortait souvent sur le balcon, pour interroger l'horizon, était oppressé par l'étroitesse de la rue; la maison d'en face lui renfonçait les yeux. Pour ne pas chagriner sa sœur, il dissimulait ses impressions, mais il n'était pas plutôt entré dans cet intérieur gris et calme, qu'un besoin irrésistible d'air et d'espace s'emparait de lui; il s'agitait, ouvrait les fenêtres, suivi de l'œil par sa sœur occupée à quelque broderie et qui se disait : « C'est la fièvre ! »

Son esprit était dans ce milieu aussi mal à l'aise que son corps; la solitude, les dangers, ses perpétuels voyages, l'avaient grandi. Les lectures nombreuses, qu'imposait la durée interminable des traversées, avaient amplifié son intelligence et développé le côté rêveur de son caractère. Peu mêlé aux hommes, il se faisait d'eux une idée assez différente de la réalité; il ne leur prêtait que des pensées généreuses, nobles, héroïques même; les Bretons surtout, les fils de ces corsaires qui stupéfièrent leur époque par des faits invraisemblables, lui paraissaient devoir être dévorés du désir de s'élever par quelque acte brillant au-dessus du niveau ordinaire; la parfaite quiétude dans la nullité qui se révélait autour de lui renforçait sa tristesse et sa sauvagerie. Au milieu de sa propre famille il se faisait l'effet d'un goëland captif dans un poulailler.

Sa sœur, Sylvie Aubrée, avait la figure plate avec d'assez jolis yeux; elle se coiffait mal et s'habillait de lainages sombres égayés de quelques cravates brillantes. Elle gourmandait ses filles, ou sa bonne, s'occupait du ménage et s'inquiétait des offices et des petits cancans de la ville; hors de là, elle ne supposait, n'ambitionnait rien. Son mari était inspecteur des contributions indirectes, ce qu'on appelle en province un rat-de-cave; il allait dans les débits de boissons, les cafés, les hôtels, et comptait les tonneaux pleins et les bouteilles. Il parlait beaucoup des tours qu'on tâchait de lui jouer, des doléances des débitants et de son habileté à échapper à leurs ruses. C'était un grand homme sec, avec une voix de basse taille, qui lisait la *Patrie* après son dîner et s'endormait dessus, lorsqu'il n'allait pas au cercle, place Du Guesclin.

Ce soir-là, qui était la veille des Rameaux, il vint quelques dames chez les Aubrée, la belle-sœur de Sylvie, M⁼ᵉ Paul Aubrée dont le mari était médecin et qui habitait à quelques maisons de là, M⁼ᵉ Rochereuil, la femme du maire, et sa fille Marguerite, une grande blonde, maigre, au teint voilé de taches de rousseur, et une vieille fille, Mˡˡᵉ Taffatz, qui avait été maîtresse de pension.

On apporta la cave à liqueurs et des langues-de-chat; une des lampes de la cheminée fut allumée.

Les petites filles vinrent embrasser tout le monde à la ronde et allèrent se coucher, emportant chacune une langue-de-chat, et les bavardages avec l'accent traînant du pays s'emmêlèrent.

Gilbert, assis dans un coin, les regards rivés au parquet, n'entendait qu'un bourdonnement qui l'isolait; il se plongeait dans son nouveau rêve, revoyait une seconde ces deux larges prunelles, d'un azur si clair, qui aussitôt s'éteignaient comme des étoiles sous le brouillard. Il pensait à la main nerveuse qui avait serré la sienne, et cette faveur, qu'il ne s'expliquait pas, lui donnait une sorte de confiance dans l'avenir du sentiment qui grandissait en lui.

Une pensée égoïste le fit s'arracher à sa méditation.

— « Toutes ces bavardes, se dit-il, peuvent, sans se douter de rien, parler d'elle et me renseigner sur son compte. »

Il prêta l'oreille pour voir où en était la conversation, et par quelle manœuvre il pourrait en saisir le gouvernail et l'amener dans ses eaux.

— « Certes, il a beaucoup d'onction, disait Mᵐᵉ Rochereuil; mais il n'a pas la fougue du révérend père qui a prêché le dernier carême.

— Vous trouvez? dit Sylvie; moi, il me plaît beaucoup, il a une voix touchante.

— Il pleure, il ne tonne pas.

— Il a de bien jolies mains blanches, dit Marguerite Rochereuil; il les laisse pendre comme cela sur le velours rouge.

— Le père Saint-Ange le frappait, lui, d'un poing furieux.

— Et il en sortait de la poussière, dit Mlle Taffatz, qui tenait pour le père Étienne.

— Je trouve qu'il s'écoute trop parler, insinua Mme Paul Aubrée, qui n'était pas très dévote; ses sermons n'en finissent pas.

— Oh! ils sont toujours trop longs pour toi, dit Sylvie.

— Que veux-tu? ça m'endort.

— Moi, ça me passionne, dit la mairesse; j'écoute de toutes mes oreilles, je bois les paroles du prédicateur et, en rentrant chez moi, j'écris tout ce que j'ai pu retenir.

— Vraiment? Vous ne nous aviez jamais dit cela, c'est une idée bien édifiante.

— Je retiens bien l'ensemble; mais quant aux mots, dit Sylvie, bernique!

— Vous devriez nous montrer cela.

— Nous permettre de le copier.

— Volontiers, dit Mme Rochereuil, un de ces jours.

— Tirez-les de là, » grommelait Gilbert.

Cependant on parla des Grandmanoirs qui, pour Pâques, avaient offert à l'église une nappe d'autel, qu'on disait très belle.

— « Y a-t-il beaucoup de familles nobles dans les châteaux des environs? » demanda alors le marin.

On lui cita les d'Argentier, au château du Mottay, à Pontcadeux, les Roger de Linc, d'autres qui habitaient constamment leur domaine ou ne venaient que pendant l'été.

— « Le château de la Conninais est désert? »

Et il eut un battement de cœur lorsqu'on nomma Mlle de Kerdréol.

— « C'est tout comme s'il n'y avait personne. »

Il y eut un silence.

— Vous touchez à une des questions qui intriguent le plus la ville, dit enfin Virginie Taffatz.

— On n'a jamais rien vu de pareil, continua la mairesse : une jeune fille qui depuis son enfance vit toute seule, comme une pestiférée.

— Mystère! soupira Sylvie.

— S'il n'y avait pas là une jeune fille, je dirais bien mon idée, grommela de sa voix profonde M. Aubrée, qui faisait un écarté avec Mlle Taffatz.

— Marguerite, va donc voir si les enfants dorment. »

La grande fille s'esquiva.

— « Dites?

— Eh bien, le baron de Kerdréol a sans doute des raisons pour ne pas se croire le père de sa fille. La baronne aura fait quelque frasque et il fait expier à l'enfant les fautes de la mère : voilà!

— Ça n'est pas chrétien.

— Le fait est qu'il la déteste. Jamais il ne lui a parlé; lorsqu'il vient, ce qui est rare, il la consigne dans sa chambre pour ne pas risquer de la rencontrer.

— En voilà une existence! s'écria la femme du docteur. Et s'il se trompe, si l'enfant est bien à lui?

— Est-ce fini, maman? dit Marguerite en passant sa tête par la porte entr'ouverte.

— Allons, reviens.

— L'avez-vous vue quelquefois? demanda Gilbert. Comment est-elle?

— Ma foi, elle a l'air d'une folle, dit M⁽ᵐᵉ⁾ Rochereuil. La trouvez-vous jolie, Mesdames? Moi pas, elle vous a un regard effronté, qui ne se baisserait pas devant celui du pape. C'est plutôt un garçon qu'une fille.

— Elle a l'air anglais. »

La conversation dévia sur ce mot; on parla des Anglais qui envahissaient la ville, de leurs modes extravagantes, de leurs airs insolents, des façons de leurs demoiselles, qui avaient l'air de gourgandines. Mais Marguerite la ramena à son premier sujet, en demandant si les Kerdréol étaient parents de Bertrand du Guesclin.

— « Qu'est-ce que tu chantes ?

— C'est qu'à l'église, elle se met souvent près du monument qui contient le cœur de Du Guesclin, et le regarde comme si elle voulait voir à travers les pierres.

— Elle va à l'église ? dit Gilbert.

— De temps en temps, et elle y a une tenue peu édifiante.

— Elle n'est pas dévote ?

— Non, et c'est tant pis pour elle, répondit aigrement Mlle Taffatz : la dévotion adoucirait ses peines et lui donnerait le courage de les supporter. »

Le lendemain, Gilbert étonna sa famille, en annonçant qu'il l'accompagnait à la grand'messe.

— « La grâce t'aurait-elle touché ? demanda Sylvie.

— Cela me distraira, » dit Gilbert.

On se mit en marche en grande tenue, M. Aubrée portant les parapluies, Sylvie finissant de mettre ses gants, Gilbert tenant par la main la plus petite de ses nièces.

Les cloches sonnaient à toute volée, les citadins endimanchés se dirigeaient tous du même côté. On enfila la rue des Morts, qui débouche sur la place Saint-Sauveur en face de l'église. Les pavés iné- gaux du *Carroi,* comme on appelle aussi cette grande place carrée entourée de maisons, qui gar- dent encore le dessin du moyen âge, bruissait sous le piétinement lourd des arrivants ; les trois arcades à plein cintre du portail faisaient des trous noirs dans lesquels, par groupes, la foule disparaissait. Sur les marches, des mendiants étaient assis à côté de grands tas de verdure.

Les orgues grondaient lorsque la famille Aubrée laissa retomber derrière elle la porte battante. Gilbert fut enveloppé tout à coup par la splendeur de ces sons puissants; la pénombre mystérieuse faite par les vitraux, le vague parfum d'encens, l'im- pressionnèrent ; il eut un frisson qui lui mouilla les yeux : impression toute poétique d'ailleurs qui fut vite effacée par la voix nasillarde des chantres, l'air distrait des diacres et la mine rubiconde de l'officiant.

Il se promena dans les bas-côtés où les coiffes éblouissantes des femmes du peuple se penchaient dévotement sur des paroissiens usés. Il admira l'expression de foi naïve qu'avaient quelques-unes, les plus vieilles, et sourit du chuchotement des jeunes qui le regardaient en se poussant du coude, leur livre sur les lèvres.

L'abbé Jouan passa un surplis blanc, l'air affairé. Le galon d'or de la casquette du marin attira son regard, qui se baissa aussitôt pour voiler sa surprise.

Gilbert se sentit embarrassé : il ne savait quelle contenance tenir, au milieu de tous ces gens qui l'examinaient tout en répondant avec sûreté aux formules de la messe. Quelquefois un glapissement mal contenu, écorchant une phrase latine, lui faisait monter à la gorge un rire qu'il avait peine à contenir. Son pas sonnait sur les dalles, il était le seul debout, ce qui attirait l'attention, et il cherchait à se composer un maintien neutre qui ne blessât pas le cérémonial.

L'espoir qu'Isoline viendrait peut-être, lui rendait ce lieu attrayant et il ne voulait pas le quitter : le désir qu'il avait de la revoir l'étonnait par sa violence. Était-ce donc possible que le vide de son âme fût comblé ainsi tout à coup? Un être qu'il ne connaissait pas la veille à la même heure s'était emparé souverainement de sa pensée, comme le jour envahit la nuit! Il était heureux de se sentir vivre, l'ennui de plomb qui pesait sur lui ne l'écrasait plus, aussi il activait de tout son pouvoir le commencement d'incendie.

Il chercha la pierre sous laquelle est caché le cœur du bon chevalier; et l'ayant trouvée, dans une chapelle latérale, il s'assit auprès et se mit à lire machinalement l'inscription gravée en lettres gothiques :

> cy gist le cueur de missire
>
> Bertran du Gueselin
>
> son vivant conétiable de France

Mais il n'allait pas plus loin, son regard s'échappait, cherchant toujours celle qui ne venait pas; à la fin il s'impatienta et, au grand scandale des fidèles, sortit au moment où l'on donnait le pain bénit.

La place, complètement déserte maintenant, était

inondée de soleil; en face, au delà des maisons, se
découpait sur le ciel rasséréné la silhouette pittoresque de la tour de l'horloge avec son haut clocher pointu. Gilbert, ne sachant trop de quel côté
il voulait aller, s'arrêta un moment sous le porche
où le doigt du temps efface de plus en plus les quatre évangélistes sculptés en bas-relief avec leurs
bêtes symboliques, et les bizarres fantaisies inscrites
dans la pierre par des artistes inconnus. Il prit
pourtant, tournant le dos à la tour de l'Horloge,
la petite rue des Chauffe-Pieds, qui longe le flanc
droit de l'église et, comme malgré lui, leva la tête
en passant, attardant son regard dans les délicieuses
déchiquetures du chevet, du milieu desquelles sur-
git le fin clocher, pareil à un lys renversé.

La place de la Duchesse Anne, qui s'étend derrière l'église, est le point de la ville dont les Dina-
nais sont le plus fier : c'est un jardin anglais, assez
médiocre cependant, qui remplace un vieux cimetière abandonné, mais qui aboutit à un des plus
beaux panoramas que l'on puisse voir. L'esplanade,
qui termine ce jardin, est le sommet d'un ancien
donjon; coupée de grosses tours rondes et bordée
d'un parapet de pierres qu'entaillent les meur-

trières, elle est élevée d'au moins quarante mètres au-dessus du niveau de la Rance. De là le regard plonge dans la vallée avec une sorte d'ivresse!

Tout en bas, la rivière, comme un ruban d'acier, puis des toits d'ardoises désordonnés qui luisent sous le soleil. Plus près, le haut viaduc que l'on domine encore, franchit en quelques enjambées l'espace qui sépare le faîte des collines; partout, sur les pentes les bois épais commencent à verdir; des bourgs, des villages, des creux pleins d'ombre bleuâtre, et à perte de vue des vallons, des prairies, des écroulements de frondaisons rousses.

Gilbert ne s'arrêta pas devant ce tableau qui lui était familier. Il se mit à descendre rapidement le chemin abrupt, qui, tantôt rampe rapide, tantôt escalier taillé dans le roc, descend, avec maints zigzags, de l'esplanade au bord de la Rance.

— « Fou que je suis! se disait-il en se hâtant, pendant que je fais le cafard et que j'avale des sermons, celle que je cherche est là-bas, dans la cabane de Marie Damont. »

IV

Dans les grandes salles solitaires du château de la Conninais, Isoline erre lentement, la tête inclinée, les mains pendantes comme perdue dans un demi-sommeil. Elle va de chambre en chambre, sans bruit, ainsi qu'un fantôme, traînant les plis d'une longue robe blanche.

Autour d'elle un luxe moderne, grave et déjà un peu fané, complète les anciennes élégances du vieux manoir; aux caissons de chêne des plafonds fleuronnés, aux tapisseries éteintes, aux portraits enfumés enchâssés dans les boiseries des murs ou au-dessus des cheminées monumentales, s'ajoutent des lustres de Baccarat, des étoffes nouvelles aux beaux plis souples, des meubles commodes et par places des tapis épais.

Tout est dans un ordre rigide, le parquet est ciré soigneusement; à toutes les hautes fenêtres, les volets intérieurs sont à moitié repliés.

Animée par une famille heureuse, cette demeure n'aurait eu rien de triste, l'été surtout; mais cet abandon sans désordre, ce désert correct, ce vide dans un lieu qui semblait prêt à recevoir des hôtes, était plus désolé peut-être que la solitude d'un château délabré.

Cette jeune fille, condamnée à un si cruel isolement, n'avait pas le secret de son existence; la puissance qui pesait sur elle et enchaînait sa liberté ne ;'était pas expliquée. Son sort était écrit seulement sur une pancarte mise sous verre accrochée à une muraille, et c'était jusqu'alors le résumé de sa vie : elle était ainsi conçue :

« L'ENFANT SERA ÉLEVÉE PAR MARIE DAMONT, QUI VIENDRA HABITER LE CHATEAU.

« DANS SEPT ANS MARIE DAMONT QUITTERA LE CHATEAU ET N'Y RENTRERA JAMAIS.

« LE PÈRE JÉSUITE QUE J'AI DÉSIGNÉ VIENDRA ALORS FAIRE L'ÉDUCATION DE LA DEMOISELLE; IL LUI APPRENDRA A LIRE ET A ÉCRIRE, RIEN DE PLUS.

« L'ÉDUCATION TERMINÉE, PERSONNE AUTRE QUE LES GENS DE SERVICE NE FRANCHIRA LA PORTE DU CHATEAU.

« L'INTENDANT CHARGÉ DE TOUCHER LES FERMAGES FOURNIRA AUX DÉPENSES.

« IL NE REMETTRA JAMAIS D'ARGENT A LA DEMOI-

4

SELLE, QUI LUI FERA SAVOIR PAR ÉCRIT CE QU'ELLE DÉ-
SIRE.

« LES REPAS SERONT SERVIS A HEURE FIXE ET EN SI-
LENCE; EN CAS DE MALADIE, UNE SŒUR DE L'HOSPICE
SERA ADMISE AU CHATEAU.

« LE TRAIN DE MAISON RESTERA CE QU'IL EST, RÉDUIT
AU NÉCESSAIRE.

« LORS DE MON SÉJOUR ANNUEL ET PENDANT TOUTE
SA DURÉE, MADEMOISELLE NE SORTIRA PAS DE SA
CHAMBRE.

« CECI BIEN COMPRIS, QU'IL NE M'EN SOIT PLUS JAMAIS
REPARLÉ. »

Et au-dessous un grand cachet armorié imprimé
sur la cire rouge.

La première enfance d'Isoline avait seule été
heureuse : Marie Damont s'était donnée tout entière à cette enfant qu'on lui confiait; mais c'était
une vierge mère sans expérience pour tout ce qui
n'était pas soins attentifs et dévouement; les gron-
deries, les sévérités nécessaires pour assouplir le
caractère impérieux d'un enfant et diriger ses ins-
tincts, lui furent complètement inconnus; elle adorait et était esclave. Cette beauté exquise de la petite

Isoline, ces grands yeux qui s'ouvraient comme des fleurs, cette chair pareille à celle des camélias du jardin, lui noyaient le cœur de tendresse : elle se croyait vouée à la garde d'un ange; mais cet ange, sans cesser d'être adorable, devint un diable en grandissant. Marie vécut alors dans des transes continuelles, ne songeant qu'à sauver l'enfant des dangers où il lui semblait qu'elle se jetait sans cesse. C'étaient des courses folles avec la chèvre nourricière sur les pentes rapides du parc en amphithéâtre, des escalades des arbres où les habits restaient, où les petites jambes s'écorchaient, des pataugeages dans les mares qui faisaient de ce chérubin un égoutier. Tout devint sujet de terreur pour la pauvre mère d'élection : la flamme des bougies, le feu de la cheminée, l'étang, la hauteur des fenêtres. L'enfant, effrénée de jeux et de mouvement, ne lui laissait pas de repos, la torturait, mais l'aimait avec passion. Il y avait des heures très douces où elle venait, avec les caresses les plus tendres, sécher les larmes qu'elle avait arrachées par ses caprices fous à son adorable nourrice.

Jamais Marie ne sortait du château ni du parc, et sans les quelques domestiques de la maison ces

deux êtres eussent pu se croire seuls au monde.
Isoline ne vit jamais d'enfant, elle croyait que tout
finissait aux murs du jardin, et l'humanité pour elle
c'était Marie et la chèvre blanche.

A six ans, la fillette s'adoucit un peu, elle devint
plus posée, plus questionneuse. Marie versa dans
cette jeune âme les trésors de son esprit résigné et
naïvement poétique. Elle lui raconta les légendes
qu'elle savait : les fées des grèves, habillées d'al-
gues, se cachant dans les grottes profondes où elles
attirent le pêcheur imprudent, les villes merveil-
leuses englouties par les flots et dont on aperçoit
encore, quand l'eau est claire, les clochers d'argent
et les palais de pierreries, les biches blanches chan-
gées en princesses et récompensant le chevalier qui
les a épargnées, les elfes, les lutins, les enchanteurs
dans les forêts fleuries. Il y avait aussi des fils de
roi, qui allaient conquérir pour leur père une clé
d'or ou quelque relique précieuse.

— « Qu'est-ce qu'un père ? » demandait l'enfant.

Alors Marie s'attristait; elle essayait de lui faire
comprendre que le père était le maître de l'enfant,
qu'il fallait se soumettre à lui, ce qui était doux et
facile lorsqu'on était aimé, mais bien triste lors-

qu'on ne l'était pas. Elle lui parlait alors de la sépa-
ration cruelle dont le terme approchait, et aux sanglots d'Isoline elle ne savait répondre que par
des larmes.

Les sept ans passèrent pourtant et l'horrible sé-
paration eut lieu. Il fallut arracher l'enfant cram-
ponnée à sa nourrice en lui laissant dans les mains
un lambeau de son jupon : elle eut des convulsions
et pendant longtemps fut en danger de mort. Marie,
de son côté, se mit au lit dans la cahute depuis sept
ans inhabitée et que l'humidité dévorait. Par bonheur, son frère qui naviguait revint du service à ce
moment : sans cela, elle fût morte privée de tout
secours.

Damont se révolta là où sa sœur courbait la tête
avec une soumission douloureuse; il parla de la
police. Ce baron à moitié fou n'avait pas le droit
de martyriser une innocente, fût-elle ou non sa fille.
Il s'emporta, jura tous ses jurons de marin en
frappant du poing la table vermoulue; mais sa sœur
lui démontra qu'il n'y avait rien à reprendre léga-
lement dans la conduite du baron, il était libre
d'imposer le système d'éducation qui lui convenait.
L'intendant, homme froid et ambitieux, qui avait

son intérêt à obéir ponctuellement, lui avait fait comprendre que le mieux était de se conformer au règlement sans le discuter, de peur de le voir devenir plus sévère encore.

Ce règlement, qu'est-ce qu'il disait? Marie le savait par cœur, elle l'avait cent fois relu. Damont l'écrivit sous sa dictée, le lut, le relut à son tour, le médita longuement.

Un soir il se frappa le front avec un éclair de joie.

— « Il ne lui est pas défendu de sortir! » s'écria-t-il.

En effet, soit omission, soit oubli, cette défense n'existait pas.

Damont courut au château et rôda alentour toute la journée. Les murs, les futaies épaisses ne laissaient pas de passage au regard; mais, du côté de l'étang, le château se découvrait un peu, il se mit en sentinelle et guetta. Vers le soir, il aperçut Isoline, qui montait le perron, suivie d'un homme noir.

— « Ah! le corbeau, » se dit-il.

Ils disparurent dans la maison.

Que faire? Comment attirer l'attention de l'enfant? Marie était venue bien souvent à cette place pour l'apercevoir de loin, mais elle se cachait de peur d'être vue : il fallait se montrer au contraire, faire des signaux. Ils n'aboutirent à rien, la fillette ne faisait que passer au loin et ne regardait pas de ce côté.

Franchir les murs ou les haies, n'eût rien été pour Damont; mais il y avait des chiens qui l'auraient signalé ou peut-être dévoré; de plus, le sieur Mathurin Ferron, le rigide intendant, n'aurait pas hésité à lui envoyer un coup de fusil.

Ils cherchèrent longtemps un expédient, ne songeant qu'à cela, un peu soutenus et consolés par l'espérance.

— « Il n'est pas défendu non plus d'écrire, disait Damont.

— Attendons que la pauvrette sache lire, » répondait Marie, avec son angélique patience.

Et ils comptaient les jours, supputant les progrès probables de l'élève.

Le jésuite, homme âgé déjà, d'aspect repoussant, d'esprit médiocre, qui se signalait par une odeur de relent insupportable, avait causé à Isoline une peur terrible qui fit prévoir le retour de ses crises.

Pendant sa convalescence, elle était devenue complètement sauvage, s'enfermant dans un silence opiniâtre. Le père Coüée n'était pas méchant et il se faisait très doux; il venait chaque après-midi, s'asseyait et parlait longuement, sans exiger ni attention ni réponse. Ces paroles onctueuses finirent par la rassurer et, un jour, brusquement, elle se tourna vers lui.

— « Où est Marie? lui dit-elle.

— Dans le ciel, répondit le prêtre.

— Allez me la chercher. »

Alors il entrevit un moyen d'avoir raison de son élève rétive; sans savoir ce qu'était Marie, il lui promit qu'elle la verrait quand elle saurait lire parfaitement.

Isoline prit une colère terrible, trépigna et hurla; mais, le lendemain, elle demanda au père Coüée si c'était long d'apprendre à lire.

— « Cela dépendra de vous. »

Marie lui avait déjà appris en cachette les lettres de l'alphabet, la mémoire lui en revint bien vite et le père Coüée fut stupéfait de la facilité que montrait la petite solitaire.

Elle se plia à l'étude avec une étonnante souplesse, s'appliqua de toutes ses forces; son maître obtenait ce qu'il voulait en lui répétant :

— « Vous verrez Marie. »

Lorsqu'il était parti, elle reprenait le livre et s'acharnait; elle avait bien encore des impatiences où étaient mis en pièces livres et cahiers, mais elle s'efforçait de nouveau et négligeait même sa chèvre blanche, qui était, après Marie, le seul être qu'elle aimât.

Le père Coüée n'était pas sans inquiétude en voyant les progrès de son élève. Que lui dirait-il, lorsqu'elle serait au but et que son espoir s'écroulerait? Il pensait bien à lui apporter une jolie vierge de plâtre et à lui affirmer sans mentir que c'était là Marie; mais il voyait la statuette en mille morceaux sur le parquet et il se demandait comment il mènerait à bien l'écriture.

Le jour vint où l'enfant lut sans faute une page entière, elle battit des mains et pour la première fois il la vit rire.

— « Marie! Marie! » cria-t-elle.

Il se montra sévère, prétendant qu'elle ne savait encore qu'anonner, qu'il y avait loin de là à une lecture parfaite. Il gagna du temps, mais non sans orages; il venait à la leçon avec une honte cachée.

Une fois elle se leva brusquement et avec une dignité bizarre :

— Vous êtes un menteur, » lui cria-t-elle, en lui lançant le livre au visage.

Le père offrit cet affront à Jésus. Il se crut vraiment récompensé de son humilité lorsqu'en traversant la cour à la suite d'Isoline qui lui échappait, il vit un garçon de ferme remettre à la fillette une lettre et qu'il en eut pris connaissance d'un coup d'œil par dessus la tête de l'enfant.

« Ma chère petite Isol,

« J'espère que tu sais lire à présent et que tu pourras me comprendre. Écoute bien, si tu m'aimes toujours comme autrefois : il ne t'est pas défendu de sortir, moi je ne peux aller vers toi; mais je t'attends de l'autre côté de la porte qui donne sur la vallée. Passe bravement cette porte et tu seras dans mes bras.

« MARIE. »

Isoline poussa un cri strident, s'élança vers la grande porte verte dont elle était peu éloignée et se mit à la frapper avec frénésie de ses poings fermés.

— « Ouvrez ! ouvrez ! » hurlait-elle.

Mathurin Ferron accourut.

— « Que désire Mademoiselle ?

— Ouvrez la porte, je veux sortir.

— Sortir !

— De quel droit m'en empêcherez-vous ? »

Mathurin fit un salut et s'éloigna pour aller relire
la fameuse pancarte. Il revint bientôt et tira lui-
même les barres de fer du portail.

— « Je connais mes devoirs, dit-il en tout ce qui
n'est pas contraire au règlement, je suis aux ordres
de Mademoiselle. »

La porte s'ouvrit, la vallée avec ses verdures
fraîches apparut baignée de soleil. Isoline d'un seul
bond s'élança dehors et pour la première fois franchit les limites du château.

Marie, qu'un arbre masquait, fit un pas et la reçut
dans ses bras. Ce fut une étreinte nerveuse mouillée
de larmes où les mots s'étouffaient; puis elles s'as-
sirent sur l'herbe, serrées l'une contre l'autre, se
regardant à travers les pleurs. L'enfant avait pâli,
grandi, les yeux de la mère s'étaient creusés et ses
petits bandeaux, sous la coiffe, étaient tout blancs.
Elles restèrent là jusqu'au soir, se parlant bas,

craintivement. Marie l'exhorta à la prudence, à la soumission.

— « Quand tu sauras écrire, disait-elle, nous serons plus libres. »

Lorsque la cloche du dîner sonna au château, l'intendant apparut sous la voûte de la porte ébauchant un salut.

— « Va, va, ma chérie, disait la nourrice : sois bien sage si tu veux me revoir.

— Emmène-moi, disait tout bas l'enfant.

— On nous aurait bientôt rattrapées. Obéis, mignonne : je reviendrai demain. »

L'enfant finit par céder et s'éloigna le cœur gros.

— « A demain ! » cria-t-elle, en repassant la porte.

Lorsque le père Coüée reparut, Isoline alla à lui gravement et d'un air contrit.

— Pardon, Monsieur, dit-elle, vous n'êtes pas un menteur, je vous remercie de tout mon cœur de m'avoir rendu Marie.

— Je vous pardonne, dit le père, toujours un peu gêné, et j'espère que vous allez continuer à être sage et appliquée. »

L'écriture marcha rapidement et, au bout d'un an, le père Coüée dit adieu à son élève.

Elle le regretta, ayant fini par s'accoutumer à lui, et puis dans le vide de son existence le travail était presque une distraction.

Elle était grandelette maintenant, atteignait dix ans. Marie lui apprit toujours en secret un peu de couture et le grand art du tricot; mais ces travaux ennuyèrent Isoline. Un peu de gaîté lui était revenue : elle gaminait au bord de la Rance, sur les rochers glissants, allant pêcher avec Damont sous les averses et les coups de vent; mais elle restait sauvage comme une bête des bois; c'étaient des courses folles lorsqu'elle apercevait au loin un passant, et si quelqu'un entrait dans la chaumière, elle se cachait dans l'armoiré.

Un soir elle laissa passer l'heure du dîner et, lorsqu'elle rentra, trouva le couvert ôté et tout en place. Elle se plaignit à Mathurin :

— « Les repas seront servis à heure fixe, » dit-il en s'inclinant et en montrant du doigt la pancarte.

Elle s'alla coucher à jeun et le lendemain goûta au lait aigre et à la galette de sarrasin, à moitié crue, des Damont. Cette nourriture lui donna des nausées et depuis lors elle s'efforça d'être exacte. Lorsque le vent du sud soufflait, elle entendait la cloche de chez Marie ; elle prenait sa course alors et arrivait à temps ; quelquefois elle manquait le potage. L'intendant, en habit noir, automatique, servait, elle absente, comme si elle eût été là. Il lui arriva de ne venir qu'au dessert et alors elle se bourrait de fromage.

A quinze ans elle s'attrista tout à coup, devint rêveuse et inquiète, voulut connaître le secret de son existence et tortura Marie pour le lui arracher.

Elle guetta la visite annuelle du baron, cet homme qui était son père et qui jamais ne l'avait vue.

Il arrivait le soir à la nuit tombée : les deux battants du portail s'ouvraient pour laisser entrer sa voiture. Isoline, sans lumière dans sa chambre, collait son visage aux vitres, voyait briller les lanternes, puis Mathurin s'avançait, obséquieux. Un homme grand, vêtu de noir, descendait et entrait dans la maison ; il allait occuper une chambre au premier étage qui pendant son absence restait fermée. On tirait alors de la voiture des caisses qui semblaient légères.

Une heure plus tard les vitraux de la petite chapelle, dont le baron seul avait la clé, s'illuminaient, et aussi tard que la jeune fille veillât ils ne s'éteignaient pas.

Un matin, au jour, le baron repartait.

Isoline, qui jusqu'alors s'était confinée dans l'aile du château qu'elle habitait, commença à ouvrir curieusement des portes dont elle ne s'était jamais souciée, visita sa prison, alla à la découverte.

Elle vit de grands salons en enfilade, sobrement meublés, obscurcis par les volets clos; elle en repliait un pour mieux voir et souvent la lumière, tombant sur un portrait d'homme de guerre, lui faisait pousser un cri. Au premier, de longs couloirs, des chambres plus ou moins élégantes, celle du baron fermée et où elle essayait de voir par le trou de la serrure.

En face de l'escalier, sur le large palier d'arrivée, se dressait une porte haute en noyer sculpté, rehaussé de dorure, qui lui semblait très imposante. La jeune fille l'ouvrit un jour non sans émotion; elle entra dans une pièce carrée, ayant des divans tout à l'entour, un tapis sur le sol, et garnie du haut en bas de livres reliés.

A partir de ce jour la cabane des Damont la vit moins souvent : Isoline découvrait le monde. Elle se jeta dans la lecture avec toute la fougue de son caractère.

Quelle stupéfaction! toutes ces existences qui sortaient de ces feuillets, tous ces êtres qui naissaient dans son esprit, évoqués par les mots. Ce fut d'abord un chaos insensé, une mêlée d'histoire, de poèmes, de philosophie qui l'affolait, puis le jour se fit ; elle eut des préférences, l'histoire la séduisait, mais les vieux romans de chevalerie la passionnèrent, elle ne dormait plus, mangeait à ·peine, ne sortait jamais.

Comme elle ne savait rien et ignorait le monde réel, elle crut à celui qui peuplait ses rêves et y vécut exclusivement.

Toutes sortes d'aspirations lui venaient, elle ne pouvait plus souffrir les habits simples qu'elle avait toujours portés. Elle demanda de la soie, de riches étoffes, des parfums et du linge brodé. Mathurin lui procura tout cela. Elle prit ses modèles alors dans les gravures de tous les temps, gâta bien des étoffes, mais finit par devenir habile.

Un jour elle demanda un cheval.

— « Il y en a dans l'écurie, dit Mathurin. Si Mademoiselle veut choisir? »

Sans compter les chevaux de ferme, Isoline en vit trois. Deux percherons gris pour le carrosse et un cheval noir d'assez bonne race, mais alourdi par l'inaction.

— « Celui-là, » dit-elle.

Mathurin alla chercher une selle de femme et sella le cheval noir, puis il tint l'étrier.

— « Mais je ne sais pas monter, dit la jeune fille.

— Si Mademoiselle l'ordonne, je peux lui donner quelques leçons, dit l'intendant qui avait été autrefois très bon écuyer.

— Je le veux, » dit-elle.

Les leçons d'équitation eurent lieu dans le parc et Isoline, agile comme un gamin, fut bientôt rompue à cet exercice.

La première fois qu'elle sortit à cheval, le garçon d'écurie endossa une livrée, monta un des percherons et la suivit à distance. Elle alla devant elle sans s'éloigner beaucoup les premières fois, puis s'enhardissant fit de longues courses, s'enfonça dans les campagnes superbes, vit la mer.

Mais cet être disgracieux et sans volonté qui la suivait, à une distance toujours égale, l'impatien-

5

tait; elle lui fit défendre de l'accompagner, et, seule, vagabonda des journées entières.

La nature l'enivra, les grands horizons, les ciels changeants, la variété infinie des sites lui causèrent ses premières joies; mais ce bonheur s'usa vite, les mauvais temps accoururent, la pluie barrait les routes, le brouillard effaçait le paysage et le vent modulait ses plaintes dans les flûtes des serrures.

Tous les livres de la bibliothèque étaient lus et relus: que faire? que devenir? Un désespoir de plomb écrasait la pauvre Isoline. Elle comprenait maintenant l'horreur de sa vie, et voyait qu'elle était sans issue; elle était femme déjà, elle devait donc vieillir là, y mourir; sa jeunesse, sa beauté, tout s'engloutirait, inconnu, dans ce tombeau désert?

Et elle sanglotait et criait seule en face de sa lampe, tandis que l'eau ruisselait dans les gouttières.

— « Pourquoi attendre? se disait-elle, pourquoi ne pas hâter la fin? »

L'idée de se tuer s'empara d'elle et grandit rapidement. Elle fit souffrir mille morts à Marie en lui disant sa folie. Plusieurs tentatives de suicide avortèrent; elle se blessa, se rendit malade, mais revint à la vie.

— « Je finirai bien par réussir cependant, »
disait-elle.

Le jour où Gilbert l'avait attendue vainement à
l'Église, elle errait dans le château de salle en salle,
reprenant toutes ses tristesses, bien résolue à s'en
délivrer cette fois. L'idée de l'étang l'attirait, elle
s'étonnait de ne pas y avoir encore pensé. N'était-il
pas là à ses pieds, tout prêt à l'envelopper, à se refermer sur elle, effaçant toute trace, tout souvenir.
C'était le remède auprès du mal ; comment n'avait-
elle pas, depuis si longtemps, compris cette offre
muette de consolation ?

Elle ouvrit la fenêtre, s'accouda, regarda l'eau
immobile.

Les buissons se penchaient, effleurant la surface,
les touffes d'iris évasaient leur gerbe, de grands
roseaux droits formaient des îlots çà et là. A l'entour la haute futaie tremblait doucement sous une
brise tiède ; un feuillage vert clair, translucide, con-
trastant avec le ton noir des branchages mouillés,
commençait à pointer de toutes parts, le ciel jetait
un lambeau d'azur au milieu de l'étang.

Tout à coup un oiseau rompit le silence, il lança
un sifflement sonore, puissant.

— « Comment, les rossignols? Déjà! »

Elle leva la tête.

A ce moment le soleil se dévoila, tomba en pluie lumineuse à travers les feuilles claires, illuminant le dessous du bois. De l'autre côté de l'eau, dans la clairière formée par la route, un jeune homme errait, allait, revenait, s'arrêtait en face du château qu'il regardait obstinément. Un éclat doré brilla sur son front et Isoline reconnut l'officier.

Elle le guetta curieusement; mais, le voyant comme figé par sa présence, elle referma gaiement la fenêtre.

— « Bah! s'écria-t-elle, encore ce printemps. »

V

Le lendemain, lorsqu'il vint à la cabane des Damont, Gilbert eut une suffocation en voyant Isoline assise sous le manteau de la cheminée.

Ce n'était plus la paysanne de la première fois, mais une demoiselle ou plutôt une noble damoiselle, car, dans la coupe de ses vêtements, dans sa coiffure, il y avait un reflet voulu du moyen âge.

Elle se détachait clairement sur la mousse brune formée par la suie. Sa robe gris clair en drap fin était relevée de côté par une corde de soie, ses cheveux pendaient en deux longues nattes sur sa poitrine et un petit bonnet de velours gris, gracieusement échancré, serrait le sommet de sa tête; un voile léger d'un bleu doux y était attaché.

Le jeune homme, après s'être découvert, n'osait avancer, craignant de faire envoler l'oiseau farouche; mais Isoline ne bougeait pas, elle dardait sur lui son regard hautain qui peu à peu cependant s'adoucit et se voila.

— « Venez, dit-elle : Marie va rentrer. »

Il s'assit à quelques pas d'elle et, tandis qu'elle baissait les yeux vers les cendres froides, il savoura enfin la joie de la regarder à son aise. Le visage était long, d'une pâleur d'hostie, le menton très fin, le nez légèrement courbé; les sourcils, souvent froncés, marquaient un léger pli au-dessus des yeux; les coins de la bouche avaient une inflexion douloureuse que le sourire, rare et fugitif, n'effaçait pas; les cheveux, blond doré, ondoyaient : de toute sa personne émanait comme un parfum de pureté et de noblesse, une grâce mystique, mystérieuse.

Rien de banal ne ternissait cet esprit solitaire, re-plié sur lui-même, mais n'ayant jamais subi l'in-fluence des âmes étroites ni d'aucun préjugé mes-quin.

Gilbert la regardait avec une religieuse admira-tion, paralysé, ne trouvant pas un mot à dire.

Ce fut elle qui rompit le silence; elle semblait depuis un moment suivre une pensée et la question voltigea, irrésolue, sur ses lèvres avant de résonner.

— « On m'a dit que vous étiez triste : pourquoi ?

— Je suis orphelin, répondit-il, et jusqu'à présent mon cœur était désert.

— Oui, dit-elle, il vaut mieux n'aimer jamais que de perdre ce qu'on aime.

— Oh! ne dites pas cela, s'écria Gilbert, avec une exaltation involontaire, le regret, tout poignant qu'il soit, a encore sa douceur. On se souvient de ceux qu'on a aimés et on espère les retrouver en une éternité possible; mais celui dont l'âme aride a desséché toute tendresse ne doit avoir qu'un espoir, celui de mourir tout entier. »

Elle l'écoutait, surprise de l'emportement de cette parole, frappée de l'éclat singulier de ces yeux clairs; puis elle se replongea dans le silence familier dont elle sortit bientôt pour lui jeter cette phrase, avec un sourire.

« Voulez-vous aimer le printemps avec moi ? »

Il la regarda un instant sans répondre.

— Je veux tout ce que vous voudrez, » dit-il enfin, balbutiant d'émotion et ne comprenant pas le sens de la question.

Isoline se mit à rire de son trouble.

Marie rentra ; la jeune fille l'attira près d'elle par des caresses enfantines.

— « Écoute, dit-elle, voici un marin, très effrayé : il me croit folle !

— Que lui as-tu fait, méchante ? C'est un noble cœur qui ne mérite pas ton mépris.

— Je lui offrais d'être comme mon frère, dit Isoline redevenue sérieuse, et de célébrer avec moi la fête qui va commencer.

— La fête ?

— Vous ne connaissez donc pas notre Bretagne et les splendeurs de son printemps ? Il n'y a ni carrousels ni tournois qui vaillent ces fêtes-là. Je les ai parcourues bien souvent, toute seule, fouillant les jardins enchantés, oubliant mes misères au milieu de ces richesses.

Elle baissa la voix.

— Je voudrais les revoir une dernière fois, les léguer à quelqu'un, comme si toutes ces fleurs étaient à moi.

— Attends au moins que je sois sous terre, mauvaise, pour reparler de ces vilaines choses, s'écria Marie qui comprit la pensée d'Isoline; ça ne sera pas long d'ailleurs, car tu me pousses vers l'autre monde par tes cruautés. »

La jeune fille lui sauta au cou.

— « Tais-toi, dit-elle, tu vois bien que je suis très gaie. J'entends Damont qui amarre son bateau : allons le rejoindre et nous envoler sur l'eau. »

Et se tournant vers Gilbert :

— « Venez-vous? »

Elle lui tendit la main et l'entraîna dehors.

Marie, de la porte, avec un sourire attendri, les regarda s'éloigner.

— « Si elle pouvait l'aimer cependant! » murmura-t-elle.

Damont, qui, assis dans son bateau, débrouillait des lignes de fond, resta muet d'étonnement lorsqu'en levant la tête, il vit les jeunes gens debout devant lui la main dans la main, comme de vieux amis.

— « Tu ne nous reconnais pas? dit-elle.

— Largue la misaine, en avant! » s'écria Gilbert
qui croyait faire un de ces rêves où tout ce que l'on
souhaite s'accomplit avec la plus grande facilité.

Il avait hâte de quitter terre, d'être près d'elle
dans cet étroit bateau, sur cet élément qui était le
sien et où il lui semblait qu'elle venait le rejoindre.

— « A Lehon! » avait dit Isoline en s'asseyant
au gouvernail.

Et la toile s'était tendue et l'on avait gagné le
milieu de l'eau.

Dinan, tout de suite, apparut à un coude de la
rivière. Le soleil faisait resplendir les verdures qui
rajeunissaient les vieilles murailles. Tout se dorait,
le ciel d'un bleu très doux noyait les contours. Ce
n'était plus la ville noire et lugubre dont Gilbert
s'était attristé quelques jours auparavant, mais
quelque chose d'heureux, de resplendissant, qui faisait songer à une belle cité d'Italie.

— « Voyez, dit la jeune fille, en indiquant du doigt
l'antique forteresse, aujourd'hui prison d'État, qui
semblait hausser ses tours formidables au-dessus
de la ville. Voyez! c'est là que Tristan le héros
fut ramené blessé à mort. C'est là qu'il pleura

l'absence d'Iseult, tandis que son page, du haut du donjon, cherchait anxieusement un navire sur la mer. C'est incroyable, n'est-ce pas, que d'ici l'on puisse voir la mer; pourtant du sommet de la tour l'on découvre un horizon sans fin : les plaines, les coteaux, les côtes déchiquetées, puis la mer et tout au loin les îles presque indistinctes; mais vous ne regardez pas.

— J'écoute, dit Gilbert, qui la buvait des yeux.

— C'est vrai, dit Damont, dans les jours clairs, on voit Jersey et le mont Saint-Michel.

— J'ai bien souvent rêvé de retrouver leur tombeau, continua-t-elle comme se parlant à elle-même, car ils sont morts ici : « il la serra si fort dans ses bras, en lui disant le dernier adieu, qu'il lui fit partir le cœur. »

Elle soupira.

— « Je les ai bien aimés, murmura-t-elle, emportée par une rêverie.

— Croyez-vous donc qu'un pareil amour ne puisse plus se rencontrer? dit Gilbert d'une voix tremblante.

— Qui donc l'inspirerait? répondit-elle. Regardez ces châteaux superbes dont la majesté nous

émeut encore, et les dentelles noircies de ces hauts
clochers. Voyez auprès d'eux les misérables con-
structions modernes, il y a pour moi la même dif-
férence entre les hommes d'autrefois et ceux d'à
présent.

— Vous les jugez mal peut-être; mais il est certain qu'Iseult n'était pas plus belle que vous ne
l'êtes. »

Elle le regarda avec ironie et retint au bord de
ses lèvres une phrase cruelle.

Il se sentit attristé tout à coup par ce regard
froid et ce pli dédaigneux des lèvres; pourquoi l'at-
tirait-elle si elle le méprisait si fort? Pourtant il
n'était pas blessé par ce dédain immérité, il rêvait
d'en triompher en se faisant mieux connaître;
quelque chose en lui avait plu puisqu'elle, si farouche, était venue à lui : c'était plus qu'il n'avait
espéré.

Il caressa du regard ce profil fin et fier, ces yeux
dont les prunelles ressemblaient à des turquoises,
transparentes comme des saphirs, et il se rasséréna.

Damont, dont l'âme fine avait distingué comme
un grondement d'orage entre les deux jeunes gens,
essaya une phrase conciliante, mais le pauvre

homme à la moindre émotion bégayait horriblement. Tout se perdit dans un bredouillement in-
compréhensible dont Isoline rit méchamment.

On passa sous un vieux pont très bas, le mât du
bateau frôlait la voûte, puis sous le viaduc énorme
qui résonna comme une cloche.

Le château-fort avait disparu, la rivière devenait
ruisseau entre des rives ravissantes. On oublia
Tristan et Iseult pour des libellules, vertes ou
bleues, frissonnant dans un rayon au-dessus des
nénuphars qui étalaient leurs larges feuilles.

Les rives très resserrées sont formées là de rochers
énormes qui se dressent avec mille cassures et que
jusqu'au faîte une végétation exubérante escalade.
Les feuilles, toutes neuves, font chanter dans toute
leur fraîcheur les plus tendres nuances du vert;
c'est un fouillis exquis, encore léger, plein d'oiseaux,
où les saules argentés font des houppes blanches!
la rivière a cent caprices, décrit des demi-cercles,
des boucles, semble s'attarder. Elle est verte comme
ses rives, le ciel ne trouve pas d'éclaircie pour lui
jeter le moindre pan d'azur. Souvent de grands
arbres se précipitent en travers de l'eau, laissant
pendre des lianes; ils rejoignent les buissons de

l'autre bord auxquels ils semblent confier quelque mystère.

Damont a plié sa voile, car le vent est banni de ce lieu charmant, les rames égratignent le miroir pur presque sans bruit, on se laisse aller à un silence contemplatif plein de douceur.

Tout à coup un chant retentit sur l'eau : ce sont des marins qui égayent leur route; on dirait un cantique un peu funèbre, tant leurs voix sont traînantes et tristes. La chanson de mer pourtant n'a rien de maussade :

Chantons pour passer le temps
Les amours charmants d'une jeune fille.
Partie du port de Lorient,
La belle s'en va rejoindre son amant.

— « La connaissez-vous, cette chanson ? dit Isoline à Gilbert. Damont me l'a apprise et j'aime beaucoup cette histoire; l'amant est un capitaine, et pour ne pas le quitter, la jeune fille, déguisée en mousse, s'engage sur le navire. Il est frappé par une ressemblance, mais le faux marin se défend. Écoutez. »

Le bateau passait tout près.

Monsieur, vous me surprenez,
Vous me plaisantez, vous me faites rire;

Je suis un pauvre matelot
Qui s'est engagé à bord du vaisseau.
Je suis né à la Martinique,
Je suis un garçon unique
Et c'est un navire hollandais
Qui m'a débarqué au port de Calais.

— « Oui, je me souviens, dit Gilbert, mes matelots la chantent quelquefois. »

Les voix s'éloignaient :

Ils sont bien restés trois ans
Sur le bâtiment sans se reconnaître.
Ils sont bien restés trois ans,
Se sont reconnus au débarquement.

— « Pourquoi ce chant naïf me trouble-t-il aujourd'hui? se disait Gilbert. Je l'ai entendu cent fois sans y prendre garde. »

Isoline le regardait plus doucement. N'était-il pas, lui aussi, un capitaine qui partirait bientôt sur son navire, mais seul et probablement désespéré. Et puisqu'elle ne voulait plus vivre que ce printemps, ce départ n'était-il pas pour elle l'évènement dernier de sa vie inutile?

— « Nous partirons tous deux au même moment », se dit-elle.

Puis elle songea aux pays où il irait et l'inter-

rogea sur les terres lointaines. Gilbert parla de
l'Inde et de ses forêts géantes, des fleurs prodi-
gieuses dont le parfum grise, et des papillons,
pétales envolés, et des oiseaux, pierreries vivantes.
Elle entrevit, passant entre les troncs minces des
bananiers, des femmes à la peau brune, serrées
dans des pagnes blancs, leurs cheveux bleus fine-
ment nattés et des anneaux d'or aux narines ; et des
esclaves noirs, et les éléphants sous le tendelet de
soie, écrasant de leur large pied les fleurs et les
broussailles. Puis il lui parla de la Cochinchine et
de ses ruines superbes, des Antilles, du Sénégal au
perfide climat. Un désir de s'échapper, de fuir, lui
venait. Que de choses ignorées de la pauvre solitaire ! Est-ce que vraiment le présent valait la peine
de vivre ? Ces héros batailleurs, dont elle avait l'esprit hanté, avaient-ils leurs égaux dans ces pays singuliers ? Et elle questionnait encore sur les mœurs,
sur les hommes. La beauté des costumes surtout
l'étonnait.

— « Mais pourquoi êtes-vous revenu ? disait-elle.
— Le devoir ! »

Ce mot la jetait dans des rêveries. On se
dévouait donc encore, on donnait sa vie pour

sauvegarder la gloire de son pays? Oui, mais obscurément, sans brillants combats, sans armure damasquinée, sans panache frissonnant au vent; on pouvait estimer les héros modernes, non les aimer. Roland, sous son casque hérissé d'une chimère, lui paraissait beau comme un archange et elle avait bien pleuré sur sa mort sublime dans les gorges de Roncevaux, tandis que le général ventru qui commandait la place de Dinan la faisait pouffer de rire malgré sa bravoure avérée.

On était arrivé au but de la course.

— « Nous y voici, » s'écria Damont, qui fit glisser le bateau dans une échancrure de la rive.

Encore des ruines, encore le passé!

Gilbert sentait là l'ennemi. Que faire contre des fantômes, vus à travers la séduction de l'histoire et des voiles tissés par le temps? Il rêvait des combats singuliers contre cette horde de spectres qui défendait l'âme à laquelle il donnait l'assaut. Il fallait que cette armée fût réduite en poussière, dispersée, évanouie, pour qu'il pût entrer en maître. Il admirait pourtant la puissance du livre qui avait ainsi peuplé cette solitude et la comprenait d'autant mieux que lui-même aimait passionnément les grands héros de la mer et avait acquis en leur société un certain mépris des hommes modernes.

Dans le cloître en ruines, la jeune fille s'était assise sur un tombeau que les ronces ne recouvrent qu'à demi. Le chevalier de pierre couché sur le dos joignait ses longues mains verdies de mousse; du haut des ogives lézardées croulait une cascade de fleurs blanches, tandis que les feuilles jouaient le vitrail et répandaient une lumière verte.

Avec sa robe d'un gris tout proche de celui de la pierre, sa pâleur, son immobilité, Isoline semblait une statue ajoutée au sépulcre; le jour vert tombant d'en haut jetait le même suaire sur elle et sur le chevalier.

Gilbert, en la regardant, eut un sursaut douloureux.

— « Venez! venez! s'écria-t-il, vous me semblez morte. »

Elle se leva.

— « Jean de Beaumanoir repose ici, » murmura-t-elle.

Hors de la pénombre l'illusion se dissipa, la mélancolie tomba avec ce voile blafard. La jeune fille prit sa course tout à coup, légère, repoussant

6

ses cheveux que la brise éparpillait. Elle traversa
le village, noir, sordide, sa robe relevée sur le bras,
sautillant sur les pavés gras, puis elle descendit un
escalier de pierre près d'un ruisseau où des femmes
lavaient, et elle se retourna avec un regard sou-
riant vers son compagnon qui ne s'était pas laissé
distancer.

— « Maintenant, à l'assaut ! » s'écria-t-elle en dé-
signant une colline abrupte sur laquelle se dres-
saient trois grosses tours démantelées.

Gilbert s'élança et, en quelques instants, disparut à ses yeux. Elle était leste pourtant et grimpait,
comme la chèvre sa nourrice, sur les pierres bran-
lantes et les sentiers à pic; mais elle ne put le rejoindre et lorsqu'un peu dépitée, les joues roses et
le cœur bondissant, elle arriva au faîte du mont,
elle ne le vit nulle part.

Il y avait des abîmes béants où les murailles de
la forteresse s'étaient affaissés, les hérissant de
pierres sans les combler tout à fait. L'herbe, les
ronces, les fougères, formaient dans ces creux un
rideau mouvant capable de se refermer sur un
corps broyé.

Isoline eut peur. Certainement il avait glissé,

Les Ruines.

était tombé. Emporté par cet élan insensé, il n'avait pu se retenir au bord de ce gouffre qu'il ne prévoyait pas. Elle se sentait très pâle et toute tremblante. Elle n'avait rien entendu pourtant, pas un cri; mais elle courait si fort elle-même! penchée, les yeux agrandis, elle interrogeait le creux obscur, puis fit le tour de la ruine.

Une sorte d'orgueil retenait un cri d'appel sur ses lèvres. Rien! disparu, muet, était-il mort déjà, ce compagnon qu'elle s'était choisi? Elle restait immobile, terrifiée.

Une pierre qui dégringola du sommet de la plus haute tour lui fit lever la tête, alors le cri qu'elle avait retenu s'échappa de ses lèvres, cri d'effroi et de joie aussi. Gilbert, à califourchon sur un créneau tout au haut de la tour, y attachait, comme un drapeau, un bout d'étoffe soyeuse d'un bleu léger. Tout à l'heure, sans qu'elle s'en aperçût, il lui avait dérobé son voile et maintenant il flottait dans ce lieu inaccessible.

— « La forteresse est prise, s'écria-t-il gaiement, et les couleurs de ma dame y flamberont seules.

— Ah descendez! » dit-elle d'une voix altérée.

Cette descente fut un supplice pour elle. Les

pierres, aux trois quarts déchaussées, branlaient sous le pied; les touffes d'herbes auxquelles il s'accrochait pouvaient céder tout à coup et le précipiter avec elles. Elle le suivait des yeux, les dents serrées, et par moment il lui semblait que la tour entière oscillait.

Lorsqu'il se jugea assez bas, Gilbert sauta : Isoline le crut perdu, ferma les yeux et se renversa à demi pâmée.

Le jeune homme courut à elle.

— « Qu'avez-vous ? Mon Dieu ! comme vous êtes pâle !

— Vous êtes fou ! dit-elle rageusement, vous m'avez bouleversée. »

Et incapable de dompter ses nerfs, elle se mit à sangloter.

— « Ah ! vous êtes bonne, vous êtes femme, s'écria Gilbert qui s'agenouilla près d'elle, vous avez tremblé un instant pour ma vie; mais l'enfantillage de cette escalade ne méritait vraiment pas tant que cela. N'avez-vous pas crié : A l'assaut? Je n'ai fait qu'obéir. »

Honteuse de sa faiblesse, elle parvint à se calmer.

— « C'est ainsi que vous enlevez une forteresse qui défia des armées pendant des siècles?

— Elle est un peu démantibulée.

— Mais la tour est haute et droite encore, je la croyais bien imprenable.

— Les marins grimpent comme des singes, dit Gilbert, c'est peu que cela; en mer, quand la tempête se déchaîne, s'il faut monter au sommet d'un mât pour rattacher un bout de cordage, c'est plus dur. Là, si la tête vous tourne, on est perdu. Le mât est haut comme la tour, mais moins stable; parfois son sommet effleure les vagues et celui qui s'y cramponne est flagellé d'eau, le vent fait rage pour l'arracher et l'emporter; cela ne l'empêche pas toujours de rattacher son cordage.

— Vous avez fait cela?

— Cent fois; mais, adorable enfant, est-ce donc ainsi que la réalité vous trouble, vous qui ne rêvez que des héros d'autrefois dont le principal mérite était de verser leur sang et celui des autres? Ces boucheries vous eussent fait mourir, puisque le moindre mouvement où l'on risque une égratignure vous a arraché des larmes.

— C'est vrai, je suis folle, dit-elle, n'y pensons plus. »

Elle leva les yeux qu'elle tenait baissés avec un peu d'embarras.

— « Voyez voyez, tous ces corbeaux, les seuls seigneurs du castel aujourd'hui ! Qu'est-ce qu'ils croassent de ces voix affreuses ? Peut-être ils se souviennent des festins d'autrefois, car il y eut ici en effet d'horribles carnages, et la terre où nous sommes a bu bien du sang ; on dit qu'il en coula jusqu'à la Rance, dont les eaux furent rougies. C'était du sang anglais.

— Ou celui de quelques seigneurs voisins. On s'entr'égorgeait facilement entre frères pour un bout de terre ou une querelle futile.

— Il ne faut pas médire des héros, reprit-elle. Duguesclin a été gouverneur de cette forteresse.

— Il était fort laid, le bon chevalier.

— Ce qui ne l'a pas empêché d'être aimé par la plus belle des damoiselles.

— Ah ! laissons les morts en paix, s'écria Gilbert, nous vivons et nous sommes jeunes, n'écartons pas les fleurs qui nous voilent les tombes. Est-ce donc là le printemps que vous m'aviez promis ? un vaste cimetière et de vains regrets ?

— Eh bien, partons, dit-elle : demain nous courrons la campagne. »

Lorsqu'ils furent en bas, elle se retourna et vit son voile qui palpitait sur le vieux donjon; elle serra alors la main de Gilbert avec une sorte d'enthousiasme. Cette folie avait mieux servi le jeune homme que des années de tendresse soumise.

Ils revinrent, suivis des derniers rayons du soleil couchant.

La barque, glissant sous les branches, sur les feuillages reflétés, leur fit l'effet d'un nid; ils s'y sentaient heureux, emportés dans une somnolence; le regard qui pesait sur elle l'engourdissait doucement, et lui pensait que cette heure était une des meilleures de sa vie.

Lorsqu'il rentra chez sa sœur sans savoir comment il y était revenu, ce retour à la vie vulgaire lui causa un choc pénible. Il était enveloppé d'un nimbe de bonheur qui l'isolait, on le trouva maussade, le rayonnement de ses yeux ne fut pas compris.

— « Comment trouves-tu Marguerite Rochereuil ? lui demanda Sylvie après le dîner.

— Je ne la connais pas.

— Comment, tu as passé toute une soirée avec elle ici ! La fille du maire.

— Je ne l'ai pas regardée.

— Vraiment ; eh bien, regarde-la une autre fois, elle a deux cent mille francs de dot.

— Tant mieux pour elle, dit Gilbert : qu'est-ce que ça me fait ? »

VI

Ils prirent leur course vers Saint-Jacut de la mer, à cheval cette fois. Elle portait une longue robe couleur loutre et un chapeau mousquetaire où flottait une plume.

Le ciel resplendissait et les champs d'ajoncs faisaient la campagne toute d'or ; la tiédeur embaumée qui courait leur causait un enivrement.

Partout des fleurs, rien que des fleurs, l'herbe disparaît sous l'envahissement des pâquerettes, le moindre buisson se cache sous un manteau de pétales. Au bord de la route, des chemins s'ouvrent et fuient sous des voûtes d'églantiers, d'aubépines rouges ou blanches. Dans l'herbe humide des taches d'azur se découpent et l'hirondelle y boit en passant. Perspectives où l'œil se perd avec délices, lointains pleins de promesses, véritables sentiers de paradis, comme eux impraticables!

A Ploubalay, lorsqu'ils y arrivèrent, midi sonnait au clocher haut de l'église neuve.

— « Pourrons-nous déjeuner dans ce bourg? » demanda Gilbert, croyant faire une question toute naturelle.

Isoline retint sa monture et le regarda d'un air effrayé.

— « Vous voulez vous arrêter? parler à ces gens, entrer chez eux ?

— Quoi de plus simple? Il y a bien une auberge. Vous n'avez donc pas faim? .

— J'ai très faim, dit-elle, mais ce n'est pas la première fois que j'ai sauté un repas pour courir à travers champs. Mon plaisir n'est jamais complet, toujours quelque chose me rappelle que je suis une victime impuissante.

— Oubliez-le aujourd'hui, donnez-moi ce bonheur, » dit Gilbert, qui, prenant la bride du cheval, entraîna la jeune fille avec une douce violence.

Elle fronçait le sourcil, se raidissait, devenait très

pâle; mais la surprise que lui causait cette volonté qui ne cédait pas au premier mot devant la sienne, n'était pas sans charme.

L'auberge, en même temps cabaret et ferme, était noire et peu engageante. Dans la première salle aussi sombre qu'une cave, des hommes attablés, les bras sur la table, comme anéantis, semblaient perdus dans la contemplation de leur bolée de cidre. L'aubergiste gracieuse, avec un sourire rose et blanc, indiqua vite une porte qui donnait sur la cour.

De grandes masures vermoulues, qui semblaient très hautes, l'entouraient en carré; elle était très encombrée de fumier où des volailles piétinaient, et les étables mal tenues l'emplissaient d'une odeur âcre. Au fond un escalier extérieur, qui grinçait sous les pas, accédait à une salle donnant sur la campagne. La fenêtre du côté des champs était enguirlandée par un rosier précoce tout en fleur; c'était d'ailleurs le seul luxe de cette vaste chambre, blanchie à la chaux, complètement vide, hors, dans un coin, une table longue et deux bancs de bois, et sur la muraille, comme perdue, une image coloriée de Jésus avec un cœur fumant au milieu de l'estomac.

Gilbert fit mettre la table près de la fenêtre; une

nappe blanche se déploya, deux chaises de·paille remplacèrent les bancs; le cidre frais dans des pots de faïence, le beurre salé, le gros pain rustique, les lourdes assiettes, vinrent se ranger avec des petits chocs pressés.

Isoline, appuyée au chambranle de la fenêtre, regardait obstinément dehors. Elle paraissait souffrir dans ce milieu étranger; sa sensibilité exagérée lui rendait douloureux le voisinage d'inconnus qui lui semblaient d'une race très inférieure et pour lesquels elle éprouvait une répugnance profonde.

— « Êtes-vous fâchée? lui dit Gilbert en s'approchant d'elle, méprisez-vous donc l'ami que vous avez choisi au point de ne pas vouloir partager son repas? »

La bouderie n'était pas très sérieuse. Cette chambre solitaire où n'arrivait aucun bruit n'avait rien que de rassurant. La jeune fille se retourna vers le couvert mis et une pensée qui lui vint la fit sourire.

— « Maître Mathurin Ferron, un de mes geôliers, sert en ce moment le déjeuner à mon fantôme, dit-elle. Il s'imagine que je jeûne : eh bien, pour une fois du moins, il se trompera. »

Et elle s'assit résolument à table.

Ils obtinrent une omelette exquise ; mais, à partir de là le menu fut assez vague. Ils s'en aperçurent à peine ; Isoline était grisée par ce plaisir, tout nouveau pour elle, d'un repas partagé ; les mille soins dont Gilbert l'entourait, ce regard, que l'habitude du commandement faisait si dominateur, se fondant en tendresse lorsqu'il se posait sur elle, lui causait une impression bienfaisante. Ils se parlaient avec une confiance croissante, se racontant leur existence, comparant leur dure solitude et trouvant qu'en bien des points ils se ressemblaient, c'était cela qui expliquait la sympathie et pourquoi si spontanément elle l'avait salué son frère.

Frère ! ce nom déplaisait au jeune homme, jamais il ne verrait une sœur en elle. Elle était le rêve, le bonheur parfait ou le mortel désespoir, mais non l'amitié tranquille et fraternelle.

Il n'osait parler d'amour cependant ; ces yeux purs, cette virginale gravité, lui figeaient sur les lèvres les mots de passion égoïste. Il craignait d'éclairer cette innocence téméraire qui se confiait si naïvement à un inconnu et ne soupçonnait aucun mal, là où toute autre se fût jugée perdue. Il avait à lutter cependant contre une jeunesse ardente; la main d'Isoline dans la sienne lui causait des éblouissements; de cette paume tendre se dégageait pour lui un magnétisme si puissant, qu'il lui fallait toute sa force de volonté pour en arracher sa main.

Ils repartirent, se hâtant vers le but, car ils s'étaient attardés dans leur causerie.

Le soleil versait à pic sa lumière chaude sur la campagne de plus en plus belle. Toutes ces haies épineuses dont s'entoure jalousement le moindre champ de Bretagne, étaient pour le printemps d'admirables prétextes à broder ses floraisons. C'était une abondance, une prodigalité sans pareille; la splendeur rose des pommiers arrachait des cris de surprise au couple émerveillé, tandis que les oiseaux s'égosillaient à proclamer leur contentement.

La baie marécageuse de Saint-Jacut, où prospèrent de hautes herbes dorées, sous lesquelles coassent des grenouilles, était à sec lorsqu'elle se découvrit aux yeux des cavaliers; des troupeaux y paissaient. Entre les grands rochers bruns, qui ferment à demi l'horizon, la mer apparut couleur d'outremer et envoya une bouffée de vent frais.

Ils prirent un chemin creux, puis se lancèrent à travers champs pour gagner la grève sans passer par le village.

— « J'ai l'illusion de la liberté aujourd'hui, disait Isoline, et je vous dois ce bonheur de savoir qu'une joie partagée se double. »

Saint-Jacut est une presqu'île bizarrement déchiquetée, qui offre des échancrures, plus ou moins vastes, à la mer qui vient les emplir à marée haute. La plus profonde s'enfonce entre deux chaînes de collines, plantureuses et fraîches du côté du sud, brûlées sur les pentes qui font face au nord-ouest; la mer entre là comme un beau fleuve.

Ils laissèrent leurs chevaux sur la falaise et descendirent le long des roches, sur la grève encore libre.

Le vent, qu'on ne sentait pas dans la campagne, soufflait vivement du large.

— « Vous n'avez pas froid? dit-il.

— Oh non! »

Et elle s'élança sur un rocher qui surgissait comme une grosse tortue au milieu du sable, il la rejoignit et de là, enveloppés par la brise sifflante, ils regardèrent.

Un ciel très doux d'un azur voilé. La mer au contraire du bleu profond des saphirs. Elle est très houleuse, mais joyeusement. Des rondes de vagues blanches dansent autour des îlots, chaque rocher est coiffé d'une mousse éclatante qui saute, court, rampe, s'éparpille en aigrette, en gerbe, croule en cascade de perles, s'envole en fumée. C'est gai, cabriolant, gracieux et rythmé comme par une musique de ballet.

— « L'aimez-vous, la mer, vous marins? demanda Isoline.

— Elle nous torture et nous ne pouvons nous passer d'elle, répondit-il. Aujourd'hui cependant je la renierais pour vous; mais elle sera certainement mon tombeau si vous m'abandonnez. »

Ils se regardèrent un moment, lui cherchant à lire au fond de ces yeux, elle avec une sorte d'effroi : elle se souvenait brusquement que le printemps aurait une fin.

Il y eut une sorte de solennité dans cette minute, une inquiétude et comme un pressentiment.

Lorsqu'ils voulurent s'en retourner, l'eau avait entouré la roche : c'était maintenant une île. Que faire? se déchausser, marcher dans l'eau? Une pu-

deur retenait Isoline. Gilbert, qui savait n'avoir rien
à redouter des actes hardis, la saisit brusquement
dans ses bras et sauta, avec une sûreté parfaite, sur
le sable dont la lame les séparait.

La jeune fille eut peur, son chapeau s'envola
et elle se cramponna instinctivement au cou de
Gilbert.

Alors un vertige le prit, il la serra follement contre lui, couvrit de baisers ces cheveux qui l'aveu-
glaient et l'enivraient de leur parfum ; mais aussitôt
il la repoussa, effrayé de cette violence : rougissant,
bouleversé, il détourna les yeux.

— « Pardon, pardon, murmura-t-il, avec un tel
battement de cœur que la voix lui manqua.

— Pardon de quoi ? dit-elle en laissant rayonner
la lumière tranquille de ses prunelles.

— Vous ne comprenez pas ?

— Non.

— C'est que je vous aime de tout mon être et
que vous ne m'aimez pas, voilà tout. »

Elle eut une moue énigmatique et reprit vivement :

— « Vous sembliez souffrir, j'ai cru que vous
vous étiez blessé en sautant du rocher.

Rouen vu de la plaine.

— La blessure est autre, dit-il, avec un amer sourire. Mais, je vous en prie, partons : ce printemps trop délicieux m'a fait perdre la tête, j'ai peur de moi-même, venez, allons-nous-en. »

Ils retrouvèrent leurs montures et s'éloignèrent lentement, repassant sous l'ombre du chemin creux.

La baie marécageuse était maintenant un beau lac où le vent n'arrivait pas; l'eau s'étalait douce, unie, avec la courbure d'une feuille de camélia et teintée des nuances les plus délicates de la turquoise mourante. Près d'une chaumière, d'un brun velouté, un grand pommier, qui se penchait follement, appuyait sur le fond lumineux du ciel et de l'eau ses branches noires et ses fleurs roses.

En voyant le soleil descendre rapidement, ils prirent le galop, craignant d'être surpris par la nuit. Ils coupèrent par un chemin plus court, dévorèrent l'espace et virent enfin, au bout de la plaine, Dinan se découper sur la colline dans le ciel encore clair.

On laissa souffler les chevaux un moment.

Une voix qui demandait la charité les fit tressaillir. C'était un vieillard assis sous un petit auvent planté sur deux poutres.

— « Ah! donnez-lui quelque chose, dit Isoline, ce

malheureux m'a fait sentir bien souvent ma misère : combien de fois ai-je dérobé des morceaux de pain pour les lui donner en passant et n'être pas humiliée par un pauvre ! »

Gilbert jeta une aumône dans le chapeau tendu, et ils repartirent.

Une cloche tintait lorsqu'ils arrivèrent en vue du château.

— « Mon dîner ! dit-elle en riant. Je serai privée de potage. »

Ils se séparèrent devant l'étang ; et comme il l'interrogeait d'un regard anxieux, elle lui cria en s'éloignant.

— « A demain, n'est-ce pas ? chez Marie ! »

VII

Isoline ne vint pas au rendez-vous du lendemain et l'on passa une journée d'angoisse dans la cabane de Damont.

Cent fois Marie, sans quitter son tricot, parcourut le petit chemin et interrogea de loin le château muet. On se perdait en conjectures ; était-ce un caprice, une cruauté? était-elle malade? Gilbert croyait deviner qu'il lui avait déplu et qu'elle ne voulait plus le revoir. Marie avait une pensée plus affreuse qui lui tenaillait le cœur et elle essuyait des larmes à la dérobée.

Il alla aussi rôder devant l'étang; mais il ne vit rien, tout était clos, immobile.

La nuit tomba, nuit claire et parfumée que la lune illumina. Le jeune homme s'éloignait, puis revenait, ne pouvant se résoudre à partir.

Tout à coup il entendit courir dans le sentier, une forme parut, et, avant qu'il eût pu se reconnaître, Isoline se jetait dans ses bras à demi évanouie.

— « Qu'avez-vous? mon Dieu! » s'écria-t-il en l'attirant sous un rayon de lune.

Elle était blême, haletante, les cheveux emmêlés, la robe en lambeaux, ses mains saignaient.

— « Emmenez-moi! soupira-t-elle.

— On vous poursuit? on vous a blessée?

— Non, je me suis enfuie, j'ai brisé la serrure et passé à travers la haie, où j'ai laissé beaucoup de mes cheveux.

— Pourquoi? Qu'est-il arrivé?

— Le baron est revenu, je l'avais oublié, dit-elle d'une voix agitée, au printemps il reste longtemps à cause des fermiers. On m'a enfermée comme d'habitude; mais une rage m'a pris, une révolte; J'ai voulu sortir à tout prix. Je ne veux plus subir cet esclavage, puisque j'ai un ami qui peut me protéger.

— Il vous sauvera, cet ami, dit-il avec émotion; mais quelle force il aurait si vous le vouliez!

— Comment?

— En l'aimant non pas comme un frère, mais comme on aime un époux. »

Il parlait très bas, la retenant dans ses bras; mais elle se dégagea, partageant peut-être ce trouble qui, la veille, ne l'avait pas effleurée.

— « L'horrible crainte de me voir séparée de vous m'a révélé combien vous m'êtes cher, dit-elle, d'une voix presque indistincte. J'ai trouvé une force incroyable pour m'échapper et venir à vous : voyez, je n'ai même pas senti les ronces qui me déchiraient. »

Et elle lui tendit ses jolies mains, toutes saignantes, qu'avec un cri étouffé il essuya de ses lèvres.

— « Oui, dit-elle, mes héros chéris s'en vont en poussière depuis que je vous connais; vous vous êtes traîtreusement glissé sous leurs belles armures.

— Isoline!

— Eh bien, maintenant, sauvez-moi, fuyons.

— Non, ma bien-aimée, vous êtes trop pure et trop noble pour vouloir user d'un moyen extrême, sans me laisser tenter d'abord de vous obtenir loya-lement. Le baron, malgré sa conduite étrange, est votre père et il ne peut se dérober à ma demande; s'il refuse, alors je vous arracherai d'ici et vous serez pour moi comme une sœur adorée; mais dans un an vous êtes libre, maîtresse de vous-même, et le monde est à nous!

— C'est donc vrai? Damont m'avait dit déjà qu'à vingt et un ans mes chaînes se rompaient d'elles-mêmes. Je ne voulais pas le croire. Alors il faut vous obéir; voyez comme je suis soumise maintenant, moi si indocile. Je vais donc rentrer dans ma prison.

— Demain j'en forcerai les verrous.

— Toute ma force est tombée pour franchir les obstacles, maintenant que je m'éloigne de vous. »

Il la reconduisit et l'aida à repasser la haie. Les

chiens n'aboyèrent pas, elle se glissa par les allées sombres à petits pas, afin de regagner sa chambre sans être vue; mais les fenêtres de la chapelle qui flamboyaient attirèrent ses regards; elle s'arrêta.

Si pourtant elle pouvait voir ce qui se passait derrière ces vitraux, peut-être découvrirait-elle le secret de sa destinée? La tentation était forte. Qui sait si ce qu'elle apercevrait ne lui fournirait pas une arme dans la lutte qui allait s'engager?

Elle fit le tour de la chapelle : une des fenêtres était entr'ouverte, en la poussant un peu le regard pourrait s'y glisser; il s'agissait d'y atteindre. Les échelles ne manquaient pas dans la cour, elle en traîna une sans trop de bruit et la dressa : son cœur battit en posant les pieds sur les échelons.

Une infinité de bougies allumées l'éblouirent d'abord, puis elle aperçut un . vieillard, correctement vêtu, qui balayait.

Elle croyait rêver. L'intérieur de la chapelle était comme une chambre très coquette, mais fanée : des tentures de satin bleu, des miroirs, des candélabres, et, sur une estrade, un lit sous des rideaux relevés. Une femme était étendue sur ce lit immobile et toute vêtue.

Le vieillard rangeait, époussetait avec le plus grand soin; lorsqu'il se retourna, Isoline vit un visage inondé de larmes.

Quand tout fut bien en ordre, il s'approcha du lit et se jeta à genoux en poussant d'affreux sanglots.

— « Armel! Armel! criait-il, tu ne m'entends plus. »

Puis il parla doucement d'une voix caressante, murmurant des phrases indistinctes.

Isoline frissonnait aux accents de cette douleur qu'elle ne comprenait pas. Qu'est-ce que c'était que cette femme qui semblait à la fois une morte et une poupée? et qu'est-ce que lui disait cet homme si tendre maintenant, lui qui haïssait sa fille?

— « Je t'ai apporté les fleurs que tu aimes, murmura-t-il à travers ses larmes; des roses, des narcisses et des lilas. »

Il se releva pour regarder autour de lui, et s'étant aperçu sans doute qu'il avait oublié ce qu'il cherchait, il ouvrit la porte de la chapelle pour sortir. Isoline descendit rapidement, voulant fuir; mais, dans son trouble, elle combina mal son mouvement et se trouva tout à coup, pour la première fois, en face du baron de Kerdréol.

Il la vit et se recula avec un cri rauque, un visage décomposé; la lune, qui l'éclairait en plein, le rendait blafard, effrayant :

— « Arrière! arrière! assassin! cria-t-il, va-t'en ou je te tue! »

La jeune fille épouvantée s'enfuit et toute tremblante se barricada dans sa chambre où d'affreux cauchemars la suivirent.

Lorsque Gilbert, le lendemain, eut, presque par la violence, forcé la porte du château, il vit un homme vieux à cinquante ans, hébété par le désespoir, qui paraissait doux, mais dont l'œil fixe était d'un fou.

Dès qu'on lui parla d'Isoline, il tressaillit et son visage prit une expression dure; mais il écouta avec un calme apparent.

— « Cette demoiselle ne veut pas se marier, répondit-il, elle désire passer sa vie dans la retraite. »

Et comme Gilbert insistait, affirmant qu'il n'en était rien, un éclair de fureur passa dans les yeux du baron; il se contint pourtant et répondit avec une grande politesse.

— « Puisque vous paraissez mieux renseigné que moi, la personne dont il s'agit sera avisée de l'honneur que vous lui faites et vous aurez d'ici à huit jours une réponse dictée par elle. »

Le jeune homme ne pouvait que se retirer après cette entrevue très correcte. Malgré lui il était inquiet pourtant, craignait un piège. Cet homme, en dépit de son apparente lucidité, lui faisait l'effet d'un fou; il était visible qu'une grande douleur d'où était née cette horreur inexplicable pour l'héritière de son nom, avait brisé à jamais sa vie et que le temps n'avait rien adouci, rien fait oublier. L'idée fixe qui le dévorait était devenue une manie. Gilbert sentait tout à craindre, il regrettait ce mouvement de convenance mondaine, que son respect pour Isoline lui avait suggéré; il devait l'emmener comme elle le voulait, et n'agir qu'après l'avoir mise à l'abri de tout danger.

Il courut chez les Damont qui partagèrent ses craintes.

Pourtant si le baron n'avait pas menti, il y avait tout à espérer, il fallait en tous cas patienter huit jours. Ils furent des mois d'enfer pour le malheureux amant qui vit revenir ses accès de fièvre.

VIII

Quelques moments après la visite de Gilbert Hamon, un prêtre avait été mandé auprès du baron. Ce fut l'abbé Jouan qui vint. Les deux hommes eurent ensemble une longue conférence, et le soir même Isoline, à l'aide d'une ruse, fut éloignée du château.

L'idée que celle qu'il détestait allait lui échapper et pourrait vivre heureuse avait mis le baron hors de lui. Il n'avait pas prévu ce fait si vulgaire d'un amant qui viendrait la lui disputer. Absorbé dans son chagrin, il avait oublié bien des défenses, des grilles, des verrous; c'était miracle qu'elle ne se fût pas enfuie avec cet imbécile d'honnête homme.

— « Le bonheur pour elle, ce serait trop fort, disait-il à l'abbé attentif, il faut qu'elle expie.

— Quel est son crime?

— Son crime! dit le vieillard en pâlissant. Armel est morte: sa mère, elle l'a tuée en naissant. »

Le prêtre tendait le cou, avide de ce secret qui, comme beaucoup d'autres, l'avait toujours intrigué.

— « L'enfant est innocente, dit-il.

— Innocente ! »

Mais le baron dont le visage s'était empourpré se calma tout d'un coup.

— « Il ne s'agit pas de cela. Mlle de Kerdréol est mineure et je désire qu'elle entre au couvent. La fortune de sa mère était importante ; moi-même je ne suis pas pauvre et je ne peux la déshériter, elle sera donc fort riche un jour ; vous avez tout un an pour acquérir ces biens à l'Église. »

L'abbé fut ébloui.

— « Mais, dit-il, nous vivons, malheureusement, à une époque où la contrainte est dangereuse.

— Il vous reste la persuasion.

— Si la vocation n'y est pas.

— Faites-la naître. »

L'abbé Jouan en référa à ses supérieurs, qui lui ordonnèrent d'être, à la fois, prudent et habile.

Au couvent, durant les premiers jours, Isoline eut des accès de fureur qui firent craindre pour sa raison ; elle ne mangeait pas, et la nuit il fallait la garder à vue.

Les consolations doucereuses des bonnes sœurs finirent par l'apaiser, et elle qui ne connaissait pas

l'hypocrisie, conçut même un espoir. En grand
secret elle écrivit une lettre à Gilbert, lui disant
qu'elle était plus que jamais prête à le suivre et
qu'il vînt l'arracher à sa prison. Elle confia la
lettre à la plus douce des sœurs qu'elle paya d'un
bijou de prix.

Quelques heures plus tard, le billet était entre
les mains de l'abbé Jouan.

Le baron avait prévenu ce dernier d'avoir à se
défier de l'officier de marine.

— « Elle l'aime sans doute, avait-il dit; qu'elle soit
séparée de lui, elle connaîtra ainsi quelques-unes
des tortures qu'elle m'a procurées.

Le prêtre entra dans la chambre d'Isoline en
tenant à la main la lettre ouverte.

— « Mon enfant, dit-il, toute tentative de corres-
pondance avec le dehors est inutile; il faut vous
soumettre à la volonté paternelle et prier Dieu de
vous donner la résignation. Je veux bien cependant
vous signaler le danger que courrait celui que
vous aimez s'il répondait à votre appel. »

Alors, le code en main, il lui fit comprendre ce
qu'était le détournement de mineure, crime puni
des lois et qui s'aggravait, dans le cas présent, de la

captation d'une grande fortune. Il profita de l'igno-
rance du monde où était la jeune fille pour exagérer
encore; il la terrifia, lui fit sentir l'impuissance
où elle était.

— « Mais quel crime ai-je donc commis pour que
mon père soit aussi implacable? demanda-t-elle.

—Vous avez inconsciemment brisé son bonheur;
votre naissance a coûté la vie à votre mère.

— Comment cela?

— Mais... »

Le prêtre baissa les yeux devant le regard éblouis-
sant de pureté qui l'interrogeait.

— « C'est difficile à expliquer, balbutia-t-il, à
vous surtout.

— Un crime que le criminel doit ignorer! dit-
elle avec ironie.

— Vous êtes aussi innocente que l'agneau sans
tache, ma chère enfant, dit-il; offrez vos peines au
Seigneur et il vous consolera. »

L'abbé ne s'était pas trompé en comptant sur sa
révélation. Il avait spéculé sur un sentiment noble
et avait parfaitement réussi; mais la femme la plus
naïve peut déjouer même un prêtre.

L'amour d'Isoline, pendant ces dernières se-

maines, s'était exalté jusqu'à l'héroïsme. Tout de
suite elle fut résolue à sauvegarder son ami et à
ne compromettre qu'elle. Elle médita toute la
nuit, surprise elle-même de voir succéder à ses fu-
reurs inutiles le calme d'une volonté inébranlable.

La trahison de la sœur converse lui enseigna la
dissimulation : on vit sa douleur se fondre dans les
larmes et, à la chapelle, elle s'abîmait dans des
prières ardentes.

Un bruit, habilement lancé, commençait à circu-
ler par la ville et arriva aux oreilles de Gilbert. Le
malheureux, après avoir vainement cherché la
retraite d'Isoline, éperdu de rage et de douleur, se
voyait cloué sur son lit par un retour dangereux
de son mal.

Sylvie se chargea de lui faire savoir comment on
parlait de lui : on racontait que la riche héritière
de Kerdréol avait été recherchée par un marin sans
fortune; mais que le père était arrivé à point pour
s'opposer à une union disproportionnée.

— « Tu voulais l'épouser, ajoutait Mᵐᵉ Aubrée;
ce n'était pas bête, cela, mais bien ambitieux tout
de même. »

Gilbert, qui n'avait pour toute fortune que son

avenir de marin, fut mordu au cœur par cette perfide interprétation de sa conduite. Bien qu'il n'eût
jamais été effleuré par la pensée cupide qu'on lui
prêtait, il sentait qu'il était immobilisé, cette pensée
une fois exprimée; et c'est bien là ce que voulaient
ses adversaires inconnus.

Il était bien décidé cependant à faire l'impossible
pour reconquérir la jeune fille, à repousser toute
fausse honte. Elle l'aimait : est-ce que tous les pré-
jugés des hommes ne tombaient pas devant cette
certitude?

A quelques mots de Sylvie, toujours à l'affût des
moindres bruits de la ville, il comprit qu'Isoline
était à Dinan dans un couvent, et très probablement chez les sœurs Ursulines de la rue des Halles.
Dès qu'il put marcher sans trop de vertige, il ré-
solut de tenter quelque chose, de voir à tout prix
la recluse; les murailles et les grilles n'étaient rien
pour lui; s'il pouvait apercevoir Isoline, échanger
un signe avec elle, rien de plus aisé que de la rejoindre.

Son congé touchait à sa fin. L'ordre de départ
lui était arrivé déjà et on lui mandait que son bâtiment viendrait dans les eaux de Saint-Malo. Mais

il était bien décidé à donner sa démission, à briser sa carrière plutôt que de s'éloigner sans avoir revu celle qu'il considérait en dépit de tout comme sa fiancée, sans avoir au moins échangé avec elle une promesse et une espérance.

Il sortit une nuit dans la ville déserte et gagna la rue des Halles.

Le couvent, de ce côté, est enclavé entre les maisons voisines dont rien ne le distingue qu'une croix sculptée dans la muraille, au-dessus de la porte, et des barreaux aux fenêtres. Il jugea le lieu imprenable sur ce point et chercha à se rendre compte de la disposition intérieure, de l'étendue des jardins qui, sans nul doute, attenaient au couvent. Il contourna le pâté de maisons et prit la rue gothique du Jerzual, qu'un récent orage changeait en rivière : là seulement apparaissaient des arbres dépassant une haute muraille.

— « Voyons toujours! » se dit-il.

Quelques crevasses, des mousses robustes, la moindre saillie, lui servirent de point d'appui. La lune, éclairant à demi entre les nuages, lui permit d'éviter les verres cassés qui hérissaient la crête du mur.

Lorsqu'il eut sauté de l'autre côté du mur, on ne sait quoi de rigide et de froid lui fit comprendre qu'il était bien dans le jardin du couvent. Il marcha avec précaution dans les allées sablées, bordées de buis, autour des plates-bandes en forme de croix et de cœurs; il atteignit les bâtiments et vit quelques faibles lumières à différentes fenêtres. — Laquelle était celle d'Isoline?

Tout à coup un gros dogue aboya furieusement en tirant sur sa chaîne. La sœur tourière de garde, éveillée en sursaut, sortit dans la cour, vit cet homme et poussa des cris perçants.

Gilbert dut s'enfuir comme un malfaiteur, tandis qu'en signe d'alarme la cloche tintait derrière lui à coups précipités.

Le lendemain l'abbé Jouan vint chez madame Aubrée et demanda un entretien à Gilbert Hamon.

— « Vous avez fait cette nuit une dangereuse tentative, capitaine, lui dit-il avec un sourire doucereux et un regard fuyant; et vous ne vous rendez peut-être pas bien compte de la gravité de votre effraction; mais nous ne voulons pas la mort du pécheur et je vous apporte des paroles de paix. »

Gilbert, plein d'inquiétude, gardait le silence.

8

— « Vous vouliez voir Mlle de Kerdréol ? continua le prêtre. A quoi bon passer par dessus les murs au risque de vous tuer ? Il était plus simple de frapper à la porte, on vous eût ouvert : la règle du couvent n'est pas si féroce. Mlle Isoline sait que vous partez bientôt ; elle désire aussi vous voir, et, voyez quelle est notre faiblesse, nous voulons bien favoriser cette entrevue, espérant que vous serez discret, à l'insu même de M. le baron.

— Vous me laisseriez la voir ? s'écria Gilbert, partagé entre la joie et une appréhension de quelque nouveau malheur.

— Elle vous attend. Vous m'avez, un jour de danger, accordé gracieusement une place dans votre bateau, je suis heureux de pouvoir vous être agréable à mon tour.

— Partons ! »

La porte du couvent s'ouvrit devant l'abbé, qui introduisit Gilbert dans un parloir nu, bien ciré, avec des rideaux de coton blanc aux fenêtres. Et il le laissa seul un instant.

Le jeune homme avait le cœur horriblement serré et l'attitude d'Isoline, lorsqu'elle entra, lui glaça sur les lèvres les mots passionnés qui s'y pressaient.

Elle était tout en blanc, avec le voile des novices, blanche comme ces blancheurs et d'une froideur de statue.

Il se fit un silence pendant lequel on entendit battre les artères.

La jeune fille tenait les yeux baissés; elle dit enfin d'une voix lente que Gilbert ne reconnut pas :

— « J'ai voulu vous revoir, mon frère, afin de vous dire un dernier adieu : je renonce au monde pour lequel je n'étais pas faite, la grâce m'a touchée; dans un mois j'entre en religion.

— On vous contraint, Isoline, ce n'est pas vous qui parlez ainsi, s'écria le jeune homme épouvanté; un premier amour ne s'éteint pas si vite au cœur et vous m'aimiez; vous si spontanée, si loyale, vous ne trahiriez pas aussi cruellement. Non, je ne vous crois pas, je ne reconnais pas votre pensée; dites un mot, faites un geste et je démasquerai les faussetés, les terreurs que l'on tisse autour de vous, je vous arracherai d'ici. »

Elle leva les yeux et un éclair qu'elle ne put retenir en jaillit; mais elle reprit avec le même calme :

— « J'ai parlé librement, et rien ne contraint ma

volonté; pardonnez-moi si j'ai troublé votre vie,
oubliez-moi. J'ai bien compris mes devoirs à présent, ma résolution est inébranlable. Allez, mon
frère, partez : je prierai pour que la mer vous soit
clémente. »

Une pensée horrible traversa l'esprit de Gilbert :
on lui avait persuadé peut-être, à elle aussi, qu'il
l'avait recherchée pour sa fortune ! Il sentit de la
glace lui tomber sur le cœur. Toute insistance devenait honteuse : un mur d'or se dressait entre elle
et lui.

Il recula, hagard, les yeux fixés sur cette figure
pâle et comme sculptée dans ses voiles, sans un
mot, sans un adieu; puis la porte retomba et il
s'enfuit.

Dès qu'il fut parti, Isoline se laissa tomber anéan-
tie sur une chaise, et éclata en sanglots. L'abbé
Jouan vint vite à son aide.

— « Vous avez été admirable, ma fille, dit-il, j'ai
tout entendu; vous êtes maintenant délivrée de ses
poursuites, il partira : oubliez les vains soucis du
monde et songez à Dieu.

— Le sacrifice est fait maintenant, dit-elle, je ne
vous demanderai plus qu'une seule grâce avant

d'entrer en retraite : je voudrais revoir encore une fois Marie Damont, la nourrice dévouée qui m'a élevée. »

Marie vint en toute hâte et fut prise d'un tremblement convulsif, lorsqu'elle vit son enfant bien-aimée sous le suaire des religieuses.

— « C'est le dernier coup ! » murmura-t-elle, tandis que ses yeux caves s'emplissaient de larmes.

Isoline la prit dans ses bras, l'apaisa sous ses caresses et lui dit quelques mots à l'oreille, qui subitement séchèrent les larmes. Mais, se sentant observée, elle dit tout haut :

— « Ne pleure donc pas, je serai très bien ici, c'est moins triste que mon vilain château : viens voir le jardin, il est très joli, et de ma cellule on a une vue charmante.

— En somme, elle n'aimait pas le capitaine, » se disait l'abbé Jouan en la regardant entraîner Marie presque gaiement et lui montrer les fleurs des corbeilles.

Au plaisir d'avoir conquis à l'Église une fortune considérable se joignait, chez le prêtre, celui de voir une beauté aussi parfaite échapper au monde et à l'amour : il était de ceux qui aiment à renverser une coupe qui n'est pas emplie pour eux.

IX

La douleur de Gilbert fut morne et d'un calme effrayant. Il fit ses préparatifs de départ, comme quelqu'un qui sait ne pas revenir ; il donnait tous ses objets précieux, tous les bibelots bizarres rapportés de ses voyages.

— « On dirait que tu fais ton testament, lui disait Sylvie.

— Les marins restent souvent en route, répondait-il avec un ricanement.

— Pourquoi n'as-tu pas fait prolonger ton congé ? Tu es mal guéri. Qu'est-ce qui te presse ?

— Un message important pour le gouverneur de la Martinique.

— C'est stupide de partir comme te voilà, tu es plus blanc qu'une figure de cire.

— Cette couleur fera plaisir à voir aux nègres de là-bas. »

Sylvie haussait les épaules, tout en considérant des éventails de plume qui feraient très bien sur sa cheminée.

Damont vint rue de l'Horloge, pour voir le capitaine qui ne venait plus à la cabane; le brave marin avait une grâce à lui demander : il bégaya horriblement.

Il était repris du désir de naviguer, on s'abrutissait à rester toujours à terre. Si le capitaine voulait l'inscrire, sur les registres du bord, en qualité d'aidetimonier, il comblerait tous ses vœux.

— « Je te comprends, mon brave Damont : tu veux me suivre, me surveiller, m'arracher malgré moi à quelque acte de désespoir. C'est inutile, va : quand j'ai pris une résolution, rien ne peut m'en détourner.

— Si quand j'étais sous vos ordres vous avez été satisfait de mes services, si vous me portez quelque intérêt, ne me refusez pas ! s'écria Damont, avec une véhémence qui triompha du bégaiement.

— Soit ! dit-il, puisque tu le veux. »

Et il rouvrit sa malle pour y prendre un livre relié en toile verte.

Damont regarda son nom sortir de la plume qui grinçait. Son trouble redoubla.

— « Si ce n'est pas trop abuser, dit-il pourtant, inscrivez aussi mon filleul : un gamin qui n'a pas de famille et veut partir marin.

— Qui cela?

— Ange Brune, un gentil garçon; son père a navigué.

— Va pour Ange Brune! Il entrera comme deuxième mousse. Le départ de Saint-Malo, demain dans la nuit.

— Bien, capitaine.

— Tiens, dit Gilbert au moment où Damont allait sortir, donne à Marie cette petite boîte indienne : elle y serrera ses aiguilles en pensant à moi. Fais-lui mes adieux, la revoir me serait trop pénible. »

Lorsqu'il fut sur son navire, quand il se sentit de nouveau soulevé par la puissante palpitation des lames, que tout vain espoir fut bien perdu, Gilbert vit subitement tomber sa force apparente. Une convulsion de douleur, un besoin irrésistible de crier, de se tordre les bras, de se laisser déchirer par les sanglots, le chassèrent dans sa cabine où il s'abandonna.

La mer houleuse battait les flancs du vaisseau à coups réguliers.

Il se revit sur ce rocher que l'eau avait entouré, comme pour faire comprendre à l'amant trop heureux qu'elle le reprendrait, qu'elle seule était fidèle et qu'elle lui gardait un tombeau. Il reprenait une à une les fleurs brisées de sa passion morte, évoquait tous les aspects de celle qui avait dit l'aimer; mais une figure blanche, dans des voiles durs, s'interposait, les effaçait.

Puis il se voyait en pleine mer, descendant lentement sous la transparence de l'eau, inerte, délivré enfin!

Sur le pont, le second faisait l'appel. Sa voix monotone arrivait à Gilbert, dominant le bourdonnement de la machine qui chauffait.

— « Jean le Guenn? Pal Houarn? Loïc Daulaz? Ange Brune? »

Il se fit un silence.

— « Ange Brune? » répéta-t-on plus haut.

On entendit le choc d'une barque accostant le navire et presque aussitôt une voix jeune et claire cria :

— « Présent! »

Un moment après, un commencement d'altercation avait lieu à la porte de Gilbert.

— « Je vous dis qu'il nous attend, » affirmait Damont d'un ton joyeux.

Et deux personnes entrèrent dans le salon bas qu'éclairaient des lampes vacillantes.

Gilbert n'eut aucun mouvement d'impatience en voyant ainsi forcer sa porte, il demanda seulement d'une voix faible :

— « Que veut-on?

— Capitaine, c'est le mousse que je vous présente. »

Il se leva en sursaut avec un cri :

— « Isoline!

— Non, capitaine, Ange Brune, deuxième mousse à bord de la frégate *l'Armide.* »

Mais, d'un élan passionné, elle se jeta dans ses bras et pleura sur ce cœur meurtri.

— « Vous souvenez-vous de la chanson? murmurait-elle.

— Vous, vous, ici! près de moi!

— Pour toujours maintenant!

— Eh bien, que dites-vous de mon mousse? bégayait Damont, les yeux humides.

— Oui, c'est moi, disait la jeune fille en riant dans ses larmes, j'ai menti pour nous sauver; je suis devenue un monstre d'hypocrisie, j'ai trompé mes geôliers par une fausse dévotion, endormi leur vigilance; mais Damont et la bonne Marie étaient prévenus. Ah! la nonne cachait un rude marin! regardez : le voici! »

Et Gilbert, hébété de joie, l'admirait dans son costume d'homme qui la rendait plus petite et plus jeune.

— « Vous avez coupé vos beaux cheveux?

— Marie les garde en souvenir.

— Si je rêve en ce moment, je ne m'éveillerai que pour mourir.

— Partons, partons, capitaine, si tout est paré, s'écria Damont : le voisinage de la terre n'a rien de sûr.

— Oui! oui, l'eau et le ciel pour nous! »

Et Gilbert s'élança sur le pont, où il cria les ordres d'une voix formidable :

« Levez l'ancre, prenez la mer, toute la vapeur, toutes les voiles! »

Électrisés par la voix surprenante de l'officier, les marins se précipitèrent : des cris, des bruits de chaînes, des grincements, le claquement de la toile dans le vent, puis les geignements de l'effort sur les cordes tirées, un sifflement strident et la frégate se mit en mouvement, quitta la rade.

Bientôt le jour naissant courut à la crête des lames et découpa en noir les côtes rocheuses. Un coup de soleil illumina Saint-Malo qui apparut, une dernière fois, au-dessus de sa grève de sable, lui faisant comme un socle d'or.

Ange Brune, adossé à un mât, ses belles boucles blondes soulevées par le vent, agita son bonnet en chantant d'une voix d'enfant :

> Je suis un pauvre matelot,
> Qui s'est engagé à bord du vaisseau !

Le navire fuyait, sur la mer couleur d'absinthe, comme s'il eût eu à sa poursuite toute une flotte ennemie. Il roulait à peine, soulevé par ses voiles, roses d'aurore, comme par des ailes ; mais toute sa coque frémissait sous l'effort de la machine.

Aux rivages, les falaises s'empourpraient, déployant leur longue ligne capricieuse, coupée de grèves. Les clochers se haussaient au-dessus des prairies qui faisaient une crête verte aux rochers. Tous les marins regardaient la terre que bientôt on ne verrait plus.

Alors les fugitifs se souvinrent de là pauvre Marie, toujours résignée, seule maintenant dans la cabane du bord de la Rance, rêvant de vivre assez pour voir revenir les beaux fiancés, et être heureuse de leur joie, elle qui n'avait de bonheur que celui

des autres. Elle allait compter les jours maintenant, penchée sur son ouvrage, au coin de la cheminée sombre.

Et ceux qui partaient, heureux comme des oiseaux
délivrés, lui envoyèrent du bout des doigts, par dessus les flots et les champs, un adieu tendre et, pour
un moment, attristé.

FIN.

IL A ÉTÉ TIRÉ DE CE LIVRE

CINQ CENT DIX-HUIT EXEMPLAIRES DONT

CINQ CENTS

SUR PAPIER DE HOLLANDE

DOUZE SUR PAPIER DE CHINE NUMÉROTÉS A LA PRESSE

ET SIX

SUR PAPIER DU JAPON

ÉGALEMENT NUMÉROTÉS A LA PRESSE

IMPRIMÉ

PAR

GEORGES CHAMEROT

A

PARIS

9 781166 636173